Walter Sonnleitner
Retten Sie Ihr Geld

www.galila.at

Walter Sonnleitner

Retten Sie Ihr Geld!

… und gewinnen Sie in der Krise

Galila Verlag

Druck und Bindung: Druckerei Theiss GmbH, A-9431 St. Stefan
Umschlaggestaltung, Typografische Gestaltung, Satz:
Ekke Wolf, typic.at
Lektorat: Renate Feikes
Printed in Austria
ISBN: 978-3-902533-30-2

Inhalt

Vorwort

»Retten Sie Ihr Geld« – der Übertitel dieses Buches klingt zugegebenermaßen gefährlich. Tatsächlich ist die Situation, in der sich unser Geld, unsere Währungssysteme und die Staatsfinanzen in Europa und den USA befinden, alles andere als ungefährlich. Menschen mit Geld und Vermögen leben seit Anfang 2010 in ständig wachsender Angst: die einen, weil sie sehr viel davon haben, und es in seiner Substanz bewahren und erhalten möchten – die anderen, weil sie vielleicht ein Leben lang gearbeitet und gespart haben und das wenige, das ihnen geblieben ist, nicht auch noch verlieren wollen.

Die Lage war im Sommer 2011 bereits kritisch – und sie ist bis zum Herbst sogar noch kritischer geworden. Die Meldungen in den Medien über die Entwicklung auf den Finanzmärkten haben die Angst der Menschen täglich größer werden lassen. Da konnten auch die beruhigenden Aussagen der Staatspolitiker nicht viel ausrichten – im Gegenteil: Es hat sie sogar viel an Vertrauen gekostet.

Die Zahl der Bücher, die allein im deutschen Sprachraum zu diesem Themenkreis auf den Markt gekommen sind, geht inzwischen in die Hunderte. Und die meisten von ihnen schwimmen auch ganz fröhlich auf der Angstwelle und finden Gefallen an Sensationen und Enthüllungen über die Vorgänge hinter dem undurchschaubaren Dickicht von Finanzmanipulationen und fragwürdigen Lösungsversuchen der Politiker. Es werden Fehlverhalten aufgedeckt, angebliche Scharlatane ans Licht gezerrt und Schuldzuweisungen ausgesprochen. Nur: Wie die echten Lösungen aussehen, die nicht nur Vorteile für bestimmte Machtgruppierungen bringen, weiß inzwischen eigentlich niemand mehr so richtig. Wer sagt, dass er im Besitze der Wahrheit ist, kann genauso gut ein Scharlatan sein. Der einfache Bürger kann sich aussuchen, welchen Scharlatanen er glauben will. Zur Angst vor dem Verlust des Geldes im Verlauf der Krise ist die Wut gekommen – die Wut auf diejenigen, die als Auslöser und Nutznießer der Finanzkrise von den Medien und Buchautoren ausgemacht wurden.

Genau das war der Grund, warum ich dem Übertitel für mein Buch – »Retten Sie Ihr Geld« – einen Untertitel beigefügt habe, der den verunsicherten Menschen einen Ausweg und eine Lösung zeigen soll: »... und gewinnen Sie in der Krise«. Wer in seinem Denken und Fühlen von Angst und Wut beherrscht wird, übersieht leicht die möglichen Auswege und macht Fehler. Und diese Fehler sollen vermieden werden.

Dazu gibt es einige Grundgedanken, die meinen Ausführungen vorangestellt werden sollen:

Auch eine Krise, wenn sie kommt, ist nicht das Ende. Es gibt immer auch eine Zeit nach der Krise. Daher dürfen wir nicht die ganze Energie unseres Sicherheitsdenkens auf diese Krise konzentrieren. Krisenzeiten sind gefährlich, aber man darf ihnen nicht mit Angst begegnen, sondern mit Vorsicht und Überlegung. Es sind Sicherheitsvorkehrungen notwendig für die Zeit der Krise.

Viel wichtiger ist es, bereits vor der Krise auch für die Zeit nach der Krise zu planen, wenn es wieder aufwärts geht und Gewinne zu holen sind. Wir dürfen aber auch nicht vergessen, mit unserem Geld auch in der Krise möglichst flexibel zu bleiben. Nur dann können wir Chancen aufgreifen und Werte billig aufkaufen, die von anderen Menschen aus Angst fallen gelassen und billig verkauft wurden. So haben auch in und nach früheren Krisenzeiten Menschen große Gewinne gemacht. Manche sind sogar in der Krise reich geworden.

Machen wir es wie Menschen, die auf der Flucht sind: Das, was wir für später retten und bewahren wollen, wird gut verpackt, fest verschnürt und an einem sicheren Ort aufbewahrt, an dem wir es später wieder abholen können, wenn die Gefahr vorbei ist. Für die Zeit der Krise, wo wir ständig beweglich und flexibel sein müssen, werden die Notvorräte, die wir voraussichtlich brauchen werden, fest im Rucksack verstaut. So haben wir immer die Hände frei und unsere Sachen griffbereit. Manches davon kann verloren gehen – das sind Krisenverluste, mit denen man rechnen muss. Aber die Hauptsache ist, dass die schweren Wertsachen in Sicherheit sind.

Daraus leitet sich ein wichtiger Grundsatz ab: Wir müssen begreifen und akzeptieren, dass es die absolute Sicherheit für unser Geld nicht (mehr) gibt. Wir haben allein in den letzten Jahren gelernt, dass auch das Undenkbare jederzeit möglich ist. Je sicherer wir uns fühlen und uns auf die Sicherheit verlassen, umso schwerer werden wir von einer nicht erwarteten Katastrophe getroffen – wie von einem Tsunami ohne Vorwarnung oder einer Atomkatastrophe. Es gibt für unser Geld und unsere Währungen auch keine Absicherung so wie beim Vollkasko. Das Vollkasko-Denken ist Geschichte: Auch Staaten können Bankrott erleiden und Banken können in Riesenpleiten enden.

Es gilt also die Regel: In Krisenzeiten geht es nicht darum, ob unser Geld auch Ertrag abwirft und wie viel. Es geht einzig und allein darum, dass wir im Ernstfall möglichst wenige Verluste erleiden.

Die Grundphilosophie für dieses Verhalten habe ich einst in meiner Jugend im Wildwasser-Kurs gelernt:

1. Wenn es besonders gefährlich zugeht und das wilde Wasser um dich tobt, dann musst du schneller rudern, als das Wasser dich mitreißt – nur so kannst du die Richtung für dein Kanu selbst bestimmen.

2. Wenn du direkt auf einen Felsen vor dir zugetrieben wirst, dann schaue der Gefahr in die Augen und verliere nicht den Mut: Vor jedem Hindernis staut sich eine Gegenwelle und die hilft dir, sicher am Felsen vorbeigedrückt zu werden. Dazu braucht man etwas Mut und Optimismus. Aber es lohnt sich!
3. Wenn du vor Angst und Schrecken das Paddel weglegst und nichts tust, wirst du am Ausgang der gefährlichen Strecke – mit Felsen zu beiden Seiten – sicher auch ankommen: Die Frage ist allerdings wie …

Selbstverständlich konnte ich bei meinen Ausführungen vieles einbauen und verwenden, was ich im Laufe vieler Berufsjahre als ORF-Wirtschaftsjournalist gelernt habe. Eines war mir immer besonders wichtig: Es kommt nicht so sehr darauf an, dass man immer die klugen Antworten geben kann – viel wichtiger ist es, die richtigen Fragen zu stellen. Ich habe auch diesmal viel recherchiert, wie es sich für einen Journalisten gehört, habe viel gelesen, abgeschrieben und zitiert – und Meinungen bei Profis aus der Praxis der Finanzwelt eingeholt.

Bei einigen dieser Damen und Herren möchte ich mich daher auch ganz besonders bedanken: bei Frau Mag. Dr. Susanne Höllerer, der Leiterin der Abteilung Private Banking in der Erste-Bank; bei meinem langjährigen Ratgeber aus ORF-Tagen, Herrn Gernot Mandler von der Dornbirner Sparkasse in Wien; dem CEO der Valida Pensionskassen-Gruppe, Herrn Mag. Andreas Zakostelsky, sowie Herrn Mag. Alexander Ertler, dem Geschäftsführer von Immobilien.NET, der größten Immobilienplattform in Österreich, und Herrn Mag. Hubert Thurnhofer, dem Besitzer der Galerie Kunstraum in den Wiener Ringstraßen-Galerien.

Zu ganz besonderem Dank verpflichtet fühle ich mich gegenüber einem langjährigen Wegbegleiter als Ratgeber und Auskunftsperson in Kapitalmarktfragen, dem Vorstand der Capital Bank in Wien, Herrn Mag. Constantin Veyder-Malberg. Er war es auch, der mich schon 2010 zu diesem Buch ermuntert und meinen Rechercheweg mit vielen guten Ratschlägen bereichert hat. Meine Hochachtung gebührt aber auch dem Verfasser des nicht nur höchst informativen, sondern auch wissenschaftlich wertvollen »Erste-Group-Gold-Report 2011«, Herrn Ronald-Peter Stöferle, aus dem ich viele Fakten zu einzelnen Themenbereichen zitieren konnte.

Gedankt sei hier auch den vielen lieben Menschen in meiner unmittelbaren Umgebung, für die ich im Spätfrühling und Sommer 2011 einige Wochen lang nicht erreichbar und verfügbar war.

Walter Sonnleitner
im Sommer 2011

I. Einleitung

1. Die Krise als Chance sehen

Im Herbst des Jahres 2010 machte Professor Franz Hörmann, Universitätsprofessor an der Wirtschaftsuniversität Wien, erstmals von sich reden, als er »Das Ende des Geldes«, so auch sein Buchtitel, noch für das Jahr 2011 voraussagte. Zuerst der Dollar, aber mit oder kurz nach ihm auch der Euro würden noch in diesem Jahr aufhören zu existieren. Die Menschheit würde dann nach einem neuen Geld- und Währungssystem suchen müssen, für das er bereits einen Vorschlag skizziert hat. Professor Hörmann bekam von seinen Akademiker-Kollegen teilweise sehr bissige und zynische Repliken auf seine Feststellungen. Auch das Echo auf die Erstveröffentlichung eines Interviews in der Tageszeitung »Der Standard« war enorm. Innerhalb von wenigen Tagen regnete es tausende Stellungnahmen in der Online-Ausgabe dieses Mediums. Die Reaktionen aus der Öffentlichkeit waren durchwegs gemischt. Der baldige Zusammenbruch des Euro schien vielen Menschen schon zu diesem Zeitpunkt sehr plausibel zu sein, nicht aber was nachher kommen sollte. Ungeachtet der technischen Fakten konnte man sich aber in einem Punkt einigen: Geld war und ist schließlich nicht alles im Leben. Und bei so manchem Kommentar aus dem Leserpublikum – wohl eher von jenen, die nicht so sehr mit materiellem Reichtum gesegnet sind – kam fühlbar klammheimliche Freude auf.

Beispielsweise fanden sich schon im Jahre 2010 in verschiedenen Internet-Foren Hinweise darauf, dass die Deutsche

Bundesbank bereits damals Druckerei-Aufträge für eine »Notwährung« gegeben hatte. Daraus hat der deutsche Finanzexperte Walter E. Eichelburg messerscharf abgeleitet, dass es mit dem Euro wohl ein baldiges Ende haben würde. Das war von seiner Aussagequalität her sicher zunächst auch nur ein Gerücht, eines von vielen unterschiedlichen, aber ein Gerücht, das irgendwie zum Nachdenken angeregt hat.

Wie es in einem Bericht vom 16. Mai 2010 heißt, hätte die deutsche Bundesdruckerei schon 2009 Aufträge für neue Druckmaschinen vergeben. Aus Unternehmen der chemischen Industrie seien Berichte über die Anforderung von völlig neuen Druckfarben aufgetaucht, die man keiner anderen Währung hätte zuordnen können. 2010 seien die ersten Probedrucke für die »D-Mark 2.0« aufgetaucht und in Regierungskreisen unter größter Verschwiegenheitsauflage präsentiert worden. Aussagen von Fahrern für Geldtransporte deuten darauf hin, dass es auch schon Logistikplanungen für die neue, praktisch auslieferfertige Währung gegeben haben könnte. Nachdem die Existenz des Projekts »D-Mark 2.0« auch von Regierungsvertretern in Berlin bestätigt wurde, hielten sich auch die Zweifel über diese Gerüchte in Grenzen, trotz scharfer Dementis der öffentlichen Stellen. Gerüchte sind auch darüber aufgetaucht, dass es Diskussionen über den Einsatz der Bundeswehr bei der Niederschlagung von Aufständen im Zusammenhang mit der Abschaffung des Euro und den Übergang auf die neue Notwährung geben sollte. Spekuliert wurde demnach schon im Sommer 2010 darüber, dass diese »D-Mark 2.0« eigentlich nur eine kurze Zwischenlösung bis zum Übergang auf die »neue alte Währung« sein sollte. Rückblickend hatte diese Meldung bzw. dieses Gerücht dann doch einen Haken: Herr Eichelburg hatte damals im Sommer 2010 bereits mit einer unmittelbar bevorstehenden Aktion der Deutschen Bundesbank gerechnet. Das macht seine Feststellungen zwar insgesamt nicht weniger unglaubwürdig, aber eine Lehre dürfte er wohl aus seinen dezidierten Behauptungen gezogen haben: Sei vorsichtig mit ganz präzisen Zeitangaben, wenn Du eine sensationelle Behauptung aufstellst! Der Zusammenbruch des alten – und das Entstehen des neuen Geldsystems – ist zwar nicht eine Frage des »ob«, sondern eine Frage des »wann«. Aber das könnte noch dauern. Euro und Dollar werden, zumindest in ihrer derzeitigen Form, untergehen und verschwinden, denke ich. Vermutlich werden dann in einem neuen System auch die Währungen Chinas, Japans, Russlands und der Schweiz eine wichtigere Rolle spielen als bisher. Trotzdem: Wir alle wissen weder Tag noch Stunde …

Genau dieses Gefühl der Unsicherheit aber bestärkte mich darin, dass es höchst an der Zeit war, eine Anleitung zum Retten eben des bedrohten Geldes zahlloser tüchtiger Sparer und Anleger zusammenzustellen. Sie haben vielfach ein Leben lang gerackert und gespart, um sich ein mehr oder weniger kleines Vermögen zu schaffen, das ihnen später das Leben ein wenig leichter machen sollte. Und sie, die ja nichts dafür können, dass in der globalen Finanzwelt Kräfte am Werk waren und sind, die gerade die Menschen mit den kleineren Ersparnissen auch diesmal wieder »zur Kasse bitten«, sollten wissen, wie sie sich vor den gröbsten möglichen Verlusten schützen können. Natürlich wird das nicht leicht und vor allem nicht immer möglich sein, aber es haben sich zuletzt seit dem 15. September 2008, dem Tag, an dem die Pleite der US-Investmentbank Lehman Brothers beschlossen wurde, einfach die Betrachtungsweisen über die Sicherheit von Geldanlagen grundlegend verändert. Es hat, wie es so schön heißt, ein »Paradigmen-Wechsel« im Finanzwesen stattgefunden.

Was hat sich wirklich so dramatisch geändert?
Bisher hatten wir ein Vollkasko-System in der Finanzwelt. Eine gesamte Generation ist von der Unfallfreiheit in unserem Finanzsystem ausgegangen. Jeder konnte sich darauf verlassen, dass durch eine lückenlose zentrale Kontrolle und staatliche Rückversicherung das Undenkbare eines Staatsbankrotts nie eintreten wird. Die Folge der nur eingebildeten Unfallfreiheit war, dass die Märkte keine Prämien für ein Ausfallrisiko eines Wertpapier-Emittenten verlangten, der als unsinkbar galt. Dieses System führte zu unbegrenztem Schuldenwachstum, da die Gläubiger von einem unbegrenzten Wachstum ohne das Risiko eines Totalverlustes ausgehen konnten. Die so billig aufgenommenen Gelder wurden leicht wieder ausgegeben – auch als Kredite. Aus dem Schuldner wurde selbst wieder ein Gläubiger. Damit wuchs die Ansteckungsgefahr, die beim Ausfall eines wesentlichen System-relevanten Teilnehmers alle seine Gläubiger treffen könnte.

Das Vollkasko-Denken in der Finanzwelt ist vorbei.
Mit der Lehman-Pleite im September 2008 begann das Ende des Vollkasko-Systems. Niemand hatte ernsthaft mit dem Zusammenbruch dieses Finanzinstituts gerechnet. Als es plötzlich doch zum »Unfall« kam, mussten die Staaten milliardenschwere Banken-Rettungspakete schnüren, um das Vertrauen der Bürger und Steuerzahler in das Finanzsystem nicht zu gefährden. Solcherart wurden die Bürger zu *Bürgen* gemacht. Das Ausmaß des Schadens ist aber seither so groß, dass auch die Gläubiger den Staaten nicht mehr vertrauen. Dabei ist eines ganz sicher:

»Vertrauen ist der Anfang von allem ...«

»Vertrauen ist das Einzige, woran sich verunsicherte Menschen in der Krise noch halten und orientieren können.« – So lautete der Werbeslogan der »Deutschen Bank« von 1996. Aber was ist daraus geworden? Wie wir in der Krise mit unserem Vermögen und mit unserem Geld umgehen, das ist im Wesentlichen eine Frage des Vertrauens.

Es ist für jeden von uns schwer, immer im richtigen Moment die richtigen Entscheidungen zu treffen. Diese Entscheidungen kann uns auch niemand abnehmen – es ist unser Geld, und wir müssen letztlich auch für die Folgen unserer Entscheidungen geradestehen. Sollten wir da nicht lieber aufhören, die Meinungen der Gurus und Fachexperten als Heilbotschaften zu betrachten? Wir werden Ihnen in diesem Buch auch nicht sagen können, wann es wirklich ernst wird mit der Krise, wie lange sie dauert und wie schlimm es werden wird – aber wir werden Ihnen sagen, worauf Sie aufpassen und wovor Sie sich hüten sollten!

Vorsicht zahlt sich immer aus – übertriebene Vorsicht meistens nicht.

Selbstverständlich sollten wir bei allen unseren Geld- und Anlageentscheidungen an alle möglichen Krisen-Szenarien denken. Jeder Einzelne von uns wird dabei aber nach seinen persönlichen Gefühlen die Gefahren für sein Geld abschätzen und die richtigen Entscheidungen treffen müssen. Wie sehr sich die Kosten für die Absicherung und Umschichtung des Geldes letztlich ausgezahlt haben werden, wird erst klar sein, wenn feststeht, wie klein oder groß die tatsächlichen Schäden gewesen sind. An dieser Stelle sind zwei wichtige Grundgesetze für das krisengerechte Verhalten angebracht, die unsere künftigen Finanzentscheidungen prägen sollten:

Das neue Krisen-Denken:

1 Es wird in den kommenden Finanzkrisen nicht mehr darum gehen, ob wir für unser Geld die höchsten Renditen erzielen, sondern dass wir möglichst geringe Verluste erleiden werden.
2 Es gibt immer ein Leben nach der Krise – auch für unser Geld und unser Vermögen.

Wenn Sie Ihre Sicherheitsentscheidungen treffen, sollten Sie zwar sehr wohl an möglichst geringe Verluste denken - aber vielmehr noch an die Zeit danach. Wenn Sie Ihre Geldmittel wegen der Krise auf längere Zeit fest einbetonieren, werden sie Ihnen zum Höhepunkt der Krise fehlen; dann nämlich, wenn Sie das billig einkaufen könnten, was die Ängstlichen, Übervorsichtigen und die wirtschaftlich Schwachen dringend verkaufen wollen oder leider auch müssen. Denken Sie nicht in Zeitspannen von drei Jahren - denken Sie lieber an die Zeit in zehn Jahren oder überhaupt in Generationen, so wie es die wirklich Reichen immer getan haben. Reich oder reicher werden konnte man immer am leichtesten in der Krise!

2. Angst ist ein schlechter Ratgeber

Die Angst geht um in Europa.

Die Menschen haben Angst um ihr Vermögen, um ihr Geld. Viele haben jahrelang gespart, manche ein ganzes Berufsleben lang - und jetzt wollen sie das mühsam zusammen getragene, kleine Vermögen nicht einfach verlieren, nur weil die ganz großen Finanzhaie ihre Spielchen gespielt und weltweit die Finanzsysteme und die Währungen in Gefahr gebracht haben.

Am meisten Angst haben anscheinend die Sparer. Sie fürchten sich seit 2007 davor, dass die Banken zusammenbrechen und wegen eines Bankrotts die Schalter schließen könnten. Seit 2010 mussten sie auch noch Angst davor haben, dass der Euro in Schwierigkeiten kommt und damit auch die Sparbücher nur noch Erinnerungswert haben – so wie das Papiergeld, um das man dann vielleicht nichts mehr kaufen kann.

Risiko und Chance sind ein Paar.

Sehen wir die Krise als Risiko – als Risiko, dass wir im richtigen Augenblick nicht die richtigen Entscheidungen treffen oder aufgrund widriger Umstände nicht treffen können. Aber sehen wir die Finanz- und Währungskrise, die in den nächsten Jahren vermutlich auf uns zukommt, vor allem auch als Chance: Für viele könnte es dann einen wirtschaftlichen oder gar finanziellen Neuanfang geben.

Wer sich fürchtet – macht Fehler!

Die Angst vor einem Zusammenbruch des Geld- und Währungssystems, die uns täglich von den Medien unterschwellig vermittelt wird, sie ist ganz sicher deutlich übertrieben.

In ihrer Angst, das haben Krisenzeiten immer so an sich, verhalten sich die Menschen gern wie Lemminge. Man gibt ihnen eine Richtung vor – und sie rennen schnurstracks blind ins Verderben. Sie tun einfach das, was alle tun – auch wenn es falsch ist. Es ist schließlich leichter, mit der Masse zu irren, als gegen sie recht zu behalten!

Zu befürchten ist nur, dass diese Angst bewusst aufgebaut wurde, weil sie eines sicher schafft: die Hoffnung und Sehnsucht nach Sicherheit. Und diese Sicherheit lässt sich gut verkaufen: von den Politikern, die sie uns versprechen und uns dafür zahlen lassen, und von den Finanzberatern, die uns Sicherheiten anbieten, für deren Sicherheit wir auch selber bezahlen müssen. Die Angst als Geschäft – da sollten wir nicht mitmachen!

3. Auf die Zeit nach der Krise kommt es an

Sicherheit ist das Wichtigste – Sicherheit für die Sparbücher, für die Bankeinlagen, aber auch für die Anleihen, Bank-Zertifikate und für die Fonds der Kapitalanlagegesellschaften. Dass man beim Kauf von Aktien nie auf Sicherheit setzen kann, das haben die meisten Kleinanleger schon erkannt. Die Zeiten eines André Kostolany, des Börsen-Gurus der 70er- und 80er-Jahre, sind ein und für alle Male vorbei: Er hatte uns gepredigt, dass man einfach Aktien kaufen und dann zehn Jahre lang ruhig schlafen könnte. Würde man dann nachsehen, was daraus geworden ist, könne man nach zehn Jahren seelenruhig ein kleines Vermögen erwarten. Das *waren* die guten alten Zeiten!

Jede Krise hat auch ihre Gewinner.

Immer wieder schreiben die Journalisten über die »Vernichtung von Kapital in Milliardenhöhe«, wenn es zu größeren Kurseinbrüchen an der Börse kommt. Das ist nur teilweise richtig. Wenn ein Anleger klagt, dass sein Geld jetzt »verschwunden« sei, dann sollte man ihn trösten – auch wenn das kein Trost für ihn sein dürfte: Sein Geld ist nicht weg, es gehört jetzt eben jemand anderem!

Es ist eine historische Tatsache, dass zu allen Krisen-Zeiten die Chance für schnellen – und vor allem neuen – Reichtum besonders groß ist. So manche der superreichen Familien im Lande hat ihren wahren Reichtum in den politischen und wirtschaftlichen Wirren nach dem Ersten Weltkrieg begründet, nach dem Auseinanderbrechen der Monarchie. Damals wurden die Karten neu gemischt, damals gab es plötzlich sehr viele Neureiche, die sich heute zum reichen Geldadel zählen: Wer rechtzeitig vor der Hyperinflation und dem Währungszusammenbruch sein Geld richtig angelegt hatte, der konnte sein Vermögen nicht nur retten, sondern es gewaltig vermehren und den folgenden Generationen eine goldene Zukunft in Reichtum und Luxus – und ohne viel Arbeit – sichern.

Hier ist eine Anmerkung fällig: Es ist aber nicht so, dass in einer Wirtschafts- bzw. Finanzkrise die Flucht in Sachwerte die einzig richtige Verhaltensweise ist. Ein Beispiel: Wer 2007/2008 in bis dahin als sicher verkauften Immobilienaktien veranlagt war oder in anderen Werten, die man nicht kurzfristig verlustfrei zu Geld machen konnte, den hatte die Krise auf dem falschen Fuß erwischt. Liquidität, also Geld-Guthaben waren gefragt, denn Geld war knapp bei den Banken und sie haben es auch lieber bei sich behalten. Nur wer bei den damals so tief abgestürzten Aktienkursen kräftig einsteigen und kaufen konnte, war dann auch beim großen Aktienboom an den Börsen ab 2009 mit dabei. Im Herbst 2010 war die Situation genau umgekehrt: Nun waren eher Investitionen in Sachwerte gefragt. Das vorhandene Geldvermögen wurde umgeschichtet. Der Höhenflug der Silber- und Goldpreise hat das sehr deutlich aufgezeigt. Die Menschen haben trotz überzogener Preise Immobilien gekauft, die kaum noch Renditen bieten konnten. Gefragt war Sicherheit und nicht Renditen. Ganz dick ist es erst im Spätsommer 2011 gekommen: Da haben die Banken Geldguthaben bei der Zentralbank gehortet, weil Liquidität knapp zu werden drohte, und die privaten Anleger haben Gold gekauft, weil ihnen Aktien, Staatsanleihen und Sparbücher zu wenig sicher erschienen sind – ein typischer Hinweis auf den Beginn einer Krise.

Vor der Krise Sachwerte – in der Krise Cash.

Wer seine Sachwerte sicher über die Zeit der Krise bringen will, der hat hoffentlich noch genug Geld übrig gelassen, dass er nicht am Ende doch auf seine Sachwerte zugreifen muss, wenn es in der Krise eng zugeht. Wer unter Druck oder aus Angst in der Krisenzeit verkaufen muss, füttert nur die anderen, die bereits auf seine Notverkäufe warten. Leider läuft es in der Praxis anders: Viele Menschen reagieren aus Angst vor der Krise ein wenig kopflos und tun das, was alle anderen auch machen – aber leider ein wenig zu spät. Sie steigen zu den Höchstpreisen ein. Sobald die Krise da ist und die Preise zu rutschen beginnen, werfen sie in ihrer Angst schnell alles weg und verkaufen zu gefallenen Preisen. Sie sind die wahren Verlierer, und die wird es immer geben …

Ein Beispiel:

Eine betuchte Dame hatte mich im Sommer 2011 angerufen, als ich gerade die Texte für dieses Buch verfasste. Sie erzählte mir, dass sie mehrere Eigentumswohnungen im Besitz hatte – in Wien, Graz, Linz und Salzburg. Man hätte ihr zuletzt viel Geld für die Wohnungen geboten, es gäbe gleich mehrere gute Angebote. Was sollte sie tun – und vor allem: Was sollte sie dann mit dem Geld am Konto machen? Schließlich sei Geld in der Krise besonders gefährdet. Das war eine Situation, vor der übrigens in dieser Zeit mehrere Menschen gestanden haben, die mich um Rat gefragt haben. Ich habe der Dame – sie hat übrigens eine gesunde Einstellung zu Geld und Vermögen – Folgendes geraten: Mit Hinblick auf den Wertsicherungsgedanken möge sie doch Wien und Salzburg behalten, Linz und Graz könne sie vielleicht aus spekulativen Gründen vorerst mit kräftigen Gewinnen verkaufen. Parken solle sie das Geld aber nicht auf dem Sparbuch und auch nicht als Festgeld, sondern in Unternehmensanleihen von stabilen Schuldnern, die auch in einer Krise nicht um ihr Geschäft fürchten müssen. Interessant wären auch Anleihen mit Inflationsschutz. Dann könne die Anlegerin ruhig das Kommen der Krise abwarten und bei guter Gelegenheit sogar wieder ihre zuletzt verkauften Wohnungen zurückkaufen – aber zu den gefallenen Preisen. Wer so kurzfristig noch vor der Krise kauft, verkauft vielleicht auch gleich wieder kurzfristig … Ich hoffe, dass ich nicht auf die andere Straßenseite ausweichen muss, wenn ich der Dame in ein paar Jahren in der Stadt begegne!

II. Was ist wichtig für unser Geld?

1. Sicherheit für Geld und Währung

Wenn wir von Geld sprechen, dann reden wir immer auch von Währung. Währung kommt von »Gewähr« und »Gewährleisten«, hat also im herkömmlichen Sinne etwas mit Garantie und Sicherheit zu tun. Und das sollte eine Währung ja auch. Sie ist schließlich jene Ordnung für unser Geldwesen, die uns garantiert, dass wir uns auf das Geld und seinen Wert verlassen können. Das Geld, das von einem Staat oder einer Staatengemeinschaft herausgegeben wird, soll in seinem Wert über alle Zweifel erhaben sein – egal, ob es in Metall geprägt, auf Papier gedruckt oder in digitalen Guthaben verwaltet wird, die über computerisierte Konten als Giralgeld laufen.

1.1 Geld und Währungen in ihren vielen Formen

Wie viel das Geld in einer bestimmten Währung wert ist, das bestimmt sich im Inland nach der Kaufkraft, also wie viel Waren oder Leistungen man als Konsument für eine bestimmte Menge Geld kaufen kann. Im Handels- und Leistungsverkehr mit dem Ausland richtet sich der Wert des Geldes in einer Währung nach dem Austauschverhältnis zur jeweils anderen oder eben mehreren Währungen – dem Kurs.

Der **Tauschwert** einer Währung entspricht in vielen Fällen aber nicht dem inneren Wert der Währung. Der Tausch- oder

Kurswert der Währung hängt grundsätzlich von dem Ausmaß an Vertrauen ab, das die Menschen in den Staat setzen, der diese Währung herausgegeben hat.

Der **innere Wert** einer Währung hängt davon ab, wie weit hinter der ausgegebenen Menge an Geld auch tatsächlich reale Werte stehen, die man gegen dieses Geld im vereinbarten Tauschverhältnis bekommen kann. Theoretisch ganz sicher ist eine Währung wohl immer nur dann, wenn den ausgegebenen Geldmengen auch eine Deckung in realen und physisch vorhandenen Werten gegenübersteht.

Reine Gold- bzw. Edelmetallwährungen hat es wohl nur im Altertum gegeben, wo der Herausgeber einer Münze eigentlich nur für deren Reinheitsgrad und Gewicht garantieren musste. Auch diese Garantie wurde immer wieder sträflich vernachlässigt.

Goldkern-Währungen bringen kein Gold in den Zahlungsumlauf, aber das im Zahlungsverkehr ausgegebene Münz-, Papier- und Giralgeld wird durch den Wert der Goldbarren gedeckt, die in den Tresoren der Zentralbanken als Sicherheit gehalten werden.

Golddevisenwährungen kombinieren den reinen physischen Goldbestand mit Devisen aus Währungen, die ebenfalls in Gold oder Gold-gedeckten Devisen ihre Deckung haben. Auch hier kann das Geld noch immer jederzeit in Gold oder Gold-gedeckte Devisen umgetauscht werden.

Neben reinen Goldwährungen können auch **kombinierte Gold- und Silberwährungen** errichtet werden, soweit ein Staat über besonders hohe Silbervorkommen und Silberreserven verfügt, wie beispielsweise Mexiko.

1.2 Gold als Geld

Der Goldpreis hat seit Anfang der Jahrtausendwende einen enormen Höhenflug hingelegt: + 460 % Preisanstieg in den letzten zehn Jahren von 2001 bis 2011. Was hat sich da an den Werten verändert? Tatsächlich ist es eher so, dass der Wert des Goldes gleich geblieben ist, so wie das schon seit gut 6000 Jahren der Fall war, und dass einfach die Währungen weltweit an Wert verloren haben – die eine weniger, die andere mehr. Die folgende Grafik zeigt den durchschnittlichen jährlichen Goldpreis-Anstieg in verschiedenen Währungen – als Medianwert-Anstieg berechnet. Wir können diese steigenden Goldpreise als Wertmesser für den Wertverfall der einzelnen Weltwährungen in den Jahren seit 2001 sehen. Auf diesen Zusammenhang verweist auch der Goldexperte James Turk immer wieder gerne bei seinen Aufsätzen und Vorträgen.

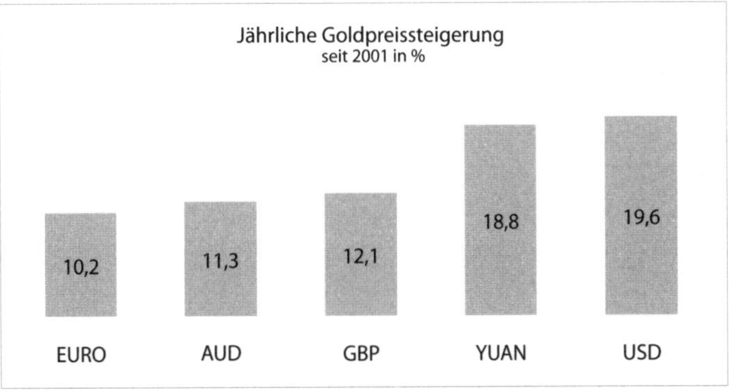

Quelle: Bloomberg, James Turk, Goldmoney.

Diese jährlichen Veränderungen im Goldpreis sind ein Maßstab für den Wertverfall dieser Währungen. Der Wertverfall beim US-Dollar und beim chinesischen Yuan ist offensichtlich doppelt so stark gewesen wie beim Euro.

Goldstandard und Golddeckung.

Angesichts des weltweiten Verfalls der Landeswährungen gegenüber dem Wert des Goldes hat unter Währungs- und Wirtschaftsexperten längst eine Diskussion über eine Rückkehr zum Goldstandard begonnen. Der Übergang auf einen Goldstandard wäre kein technisch-mathematisches Problem, sondern eine politische Grundsatzfrage. 1971, vor dem Ende des Goldstandards beim US-Dollar, waren je 35 Dollar eine Unze Gold wert – man konnte theoretisch und praktisch je 35 Dollar in eine Unze Gold eintauschen. Dort, wo Währungen oder Währungszusammenschlüsse in Form von »Währungskörben« auf den Goldstandard einigen würden, müsste man dann eben nach dem Preis einer Ware oder eines Geldes in Gold fragen, statt dem Preis von Gold.

Der Goldpreis als Inflationssignal.

Der Goldstandard hätte nach Ansicht mancher Währungsexperten den Vorteil, dass der Markt in den Preisen die richtigen Signale aussenden könnte für die künftige Entwicklung von Inflation, Deflation und der Währungskurse. Allerdings, und das ist sicher der eigentliche Grund für die bestehende Abneigung gegen die Einführung eines Goldstandards bei den Währungen, vertragen sich Goldstandard und erst recht Golddeckung der Währung nicht mit einer Defizitpolitik im Staatshaushalt und steigenden Staatsschulden. In Zeiten der Deflation, die bei vorhandenen Budgetüberschüssen kein so großes Problem wäre, sind immer die Schuldner die größeren Verlierer als die Gläubiger. In Zeiten der Inflation ist es umgekehrt, da gewinnen die Schuldner. Vielmehr würde ein Goldstandard nach ausgeglichenen Staatsfinanzen und dem Abbau der Verschuldung verlangen – und das ist den Politikern zutiefst zuwider!

Gold wird Geld – die »Monetarisierung« des Goldes.

Dass es eine Golddeckung der wichtigen Weltwährungen in nächster Zeit nicht wird geben können, scheint einleuchtend, wenn man an die relativ geringen Welt-Goldvorräte von geschätzten 170 000 Tonnen denkt und ihnen die riesigen Geldmengen gegenüberstellt, die sich allein seit dem Ende des US-Goldstandards 1973 weltweit durch ein völlig unkontrolliertes Wachstum der Schulden und damit notwendiges Betätigen der Druckerpresse angehäuft haben. Jede denkbare Ausweglösung würde eine Vervielfachung des Goldpreises bedeuten. Im Gold-Report der Erste-Bank werden einige Berechnungen angestellt, die sicher mehr sind als reine Zahlenspiele.

Der »Shadow«-Goldpreis.

Eine Volldeckung der US-Dollar-Geldmenge aus 2010 in Gold, müsste den Goldpreis auf fast 10 000 Dollar für die Feinunze hinauftreiben. Diesen rein theoretisch-rechnerischen Preis nennt man »Shadow-Goldprice«. Geht man davon aus, dass der US-Dollar 1914 nach den damaligen Bestimmungen eine Mindestdeckung von 40 % haben musste, wären das noch immer 4000 Dollar pro Feinunze.

Bei den hier zitierten Zahlen geht es allerdings allein um die US-Geldmenge. Wollten auch andere Staaten bzw. Zentralbanken eine Golddeckung anstreben, dann wäre die Auswirkung auf den Goldpreis nur in rein illusorisch hohen Zahlen auszudrücken. Die Golddeckung war in einigen europäischen Ländern zuletzt immer deutlich höher als in den USA – mit Ausnahme Irlands.

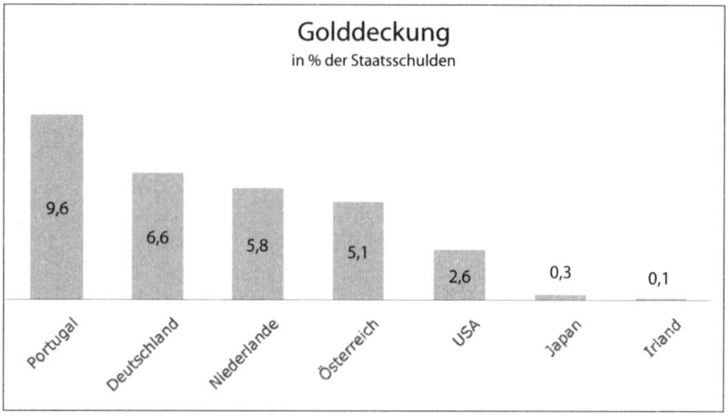

Quelle: Erste-Group-Research.

Das Gresham'sche Gesetz für »wertvolles Geld«.

Dass es in der heutigen hoch technisierten und hoch komplexen Finanzwelt die Verwendung von Gold und Silber als Zahlungsmittel nur in einem sehr beschränkten Ausmaß geben kann, leuchtet ein. Dennoch gab es in verschiedenen Staaten zuletzt Tendenzen, dies zumindest teilweise zu tun. Im Umgang mit solchem Gold- oder Silbergeld zeigen die Menschen aber ein eigenartiges Verhalten, das im »Gresham'schen Gesetz« formuliert wurde, benannt nach dem englischen Ökonomen Thomas Gresham aus dem 16. Jahrhundert. Er hat festgestellt, dass stets das schlechte Geld das gute verdrängt.

Das war schon so, als im mittelalterlichen Byzanz der »Gold-Solidus« plötzlich in zwei Versionen herausgegeben wurde: in einer Ausgabe für Außengeschäfte mit vollem Goldwert, und einem Solidus für den innerstaatlichen Verkehr, der nur ein Drittel des ursprünglichen Goldwertes enthielt, obgleich er dasselbe Nominale darstellen sollte. Was daraufhin geschah, war eindeutig: Die Menschen verwendeten die schlechten, weil wertloseren Münzen zum Bezahlen ihrer Einkäufe und Rechnungen im Inland, die guten, goldhaltigen wurden gesammelt und auf die Seite gebracht – zum Horten und zum Werterhalt des Vermögens. Genau diese und ähnliche Verhaltensweisen sind auch heute wieder sehr deutlich feststellbar, wo immer man Ansätze zu einer Monetarisierung von Gold und Silber versucht.

Wo Gold und Silber zu Geld werden.

Der Gold-Report der Erste-Bank zählt dazu gleich mehrere Beispiele auf.

Der US-Bundesstaat **Utah** hat 2011 Gold und Silber als offizielle Zahlungsmittel anerkannt, wobei der Wert der Münzen sich auch hier nach ihrem Gewicht und nicht nach dem aufgeprägten Nominalwert richtet. Damit bleibt auch die Funktion als Zahlungsmittel sehr beschränkt, aber es zeigt vielmehr die Tendenz, dem Dollar für Reserve- und Werterhaltungseigenschaften nur noch geringes Vertrauen entgegenzubringen. Die Angst vor einer möglichen galoppierenden Inflation schürt das Misstrauen gegen die US-Notenbank FED (Federal Reserve) und gegen Washington.

Der afrikanische Staat **Simbabwe** hat vor einiger Zeit wegen seiner Hyperinflation traurige Berühmtheit erlangt. Dort plant man die Anbindung an einen Goldstandard, um wieder Vertrauen in die Landeswährung aufzubauen.

In **Weißrussland** musste die Notenbank den Verkauf von Gold gegen die nationale Währung verbieten, nachdem die Bevölkerung als Reaktion auf die heraufkommenden Inflationsgefahren begonnen hatte, das Landesgeld im großen Stil in Gold zu tauschen.

Eine ähnliche Entwicklung war zuletzt auch in **Vietnam** festzustellen, wo die Landeswährung Dong einer rasanten Inflation ausgesetzt war und die wirtschaftliche Entwicklung sich stark verschlechtert hatte. Auch hier setzte ein starker Trend zum Ankauf von Gold zu Sparzwecken ein.

In **Malaysia**, so war zu erfahren, dürfen sich die Beamten der Provinz Kelantan ihr Gehalt bis zu 25 % in der neuen Golddinar-Währung auszahlen lassen. Auch diese wertgesicherte Währung wird wohl eher nicht in den normalen Umlauf gelangen, meinen die Experten. Es wird weiter in Ringgit gezahlt und gehandelt – der Golddinar verschwindet in die Spar- und Sammlerschatullen oder in die Bankschließfächer, teilweise sogar ins Ausland.

Der Silber-Staat **Mexiko** plant schließlich die Einführung eines »Silber-Libertad«. Vorerst sind noch keine Zahlen auf die Münze geprägt worden. Das wird erst der Fall sein, wenn die gesetzliche Zahlungskraft offiziell beschlossen wird. Wertvoller als herkömmliches Papiergeld werden solche Münzen immer sein. Und wer wertgesichert sparen möchte, legt sich dann lieber Silbermünzen ins Schließfach als Papiergeld in den Tresor.

1.3 Fiat-Geld statt Gold-Währungen

Was ist Fiat-Geld? Fiat-Geld ist Kreditgeld, bei dem es keine Verpflichtung zur Einlöse in echtes, weil zur Zahlung gesetzlich anerkanntes Geld für den Staat gibt, der dieses Fiat-Geld in Umlauf bringt.

Solches Fiat-Geld wird durch gesetzliche Vorschriften geschaffen – wie beispielsweise die Erklärung zum gesetzlichen Zahlungsmittel – und im Wert abgesichert. Der Begriff wurde von dem lateinischen Wort »fiat« (»es werde«) abgeleitet. Praktisch ist alles derzeit im Umlauf befindliche Geld der Zentralbanken, also alle Währungen wie US-Dollar, Euro, Yen oder auch Schweizer Franken und der chinesische Renmimbi, nur noch Fiat-Geld. Hinter dem Fiat-Geld steht kein Gegenwert mehr. Seit dem Ende der Goldwährung 1973 gibt es keine Wachstumsbremse für die Geldmenge mehr. Oder konkret: Es existieren für die Notenbanken keine Obergrenzen mehr für die Geldmenge, die sie produzieren und in Umlauf bringen dürfen. Seit Beginn der Finanzkrise 2007 hat sich diese Geldmenge in den USA etwa verdreifacht, in der Euro-Zone schätzt man die Geldmengenausweitung auf zirka das Zweieinhalbfache. Soviel Gold wäre vermutlich in der kurzen Zeit auch gar nicht zur Deckung aufzutreiben gewesen.

Fiat-Währungen hat es zu allen Zeiten gegeben. Fiat-Währungen sind praktisch zu allen Zeiten der Wirtschaftsgeschichte gescheitert. Das passierte auch schon bei der ersten Fiat-Papierwährung im China des 12. Jahrhunderts nach Christi:

Die mongolische Yuan-Dynastie kannte das Papiergeld bereits von der Song-Dynastie, schaffte aber die Edelmetalldeckung ab und führte damit die weltweit erste Fiat-Währung ein. Die aktuelle Währung Chinas heißt auch heute noch wahlweise Renmimbi (Renmim – das Volk) oder Yuan. Die Kupfermünzen hießen damals im Altertum übrigens »Käsch«. Für 1 Yuan konnte man 1000 Käsch einwechseln. Daher stammt möglicherweise auch das englische Wort »Cash«. Der Besitz von Gold und Silber war damals verboten worden, beide Metalle mussten restlos der Regierung übergeben werden. Übermäßiger Banknotendruck führte immer wieder zu erheblichen Inflationen, denen 1287 und 1309 nur mit einer Währungsreform begegnet werden konnte.

In Persien versuchte König Gaichatu im Jahr 1294 die Staatskasse durch die Ausgabe von Fiat-Geld wieder zu füllen. Er ließ verkünden, dass jeder, der das neue Papiergeld nicht akzeptieren wollte, mit dem Tode bestraft werde. Das Experiment hielt nur zwei Monate und scheiterte dann, als der Handel zum Erliegen kam und Unruhen ausbrachen. Der König musste seine Proklamation widerrufen und wurde kurz darauf ermordet.

Ein ähnliches Schicksal erlitten auch die »Assignaten«, die während der Französischen Revolution in Umlauf gebracht wurden. Am 8. September 1793 erklärte die Nationalversammlung, dass jeder, der die Bezahlung mit Assignaten verweigere oder bei Bezahlung mit Assignaten einen höheren Preis verlange, mit dem Tode bestraft werde. Im Mai 1794 kam es zu einer weiteren Verschärfung. Die Nationalversammlung erklärte, dass jeder, der sich vor dem Abschluss eines Geschäfts erkundige, mit welchem Geld der Geschäftspartner zu zahlen beabsichtige, mit dem Tode bestraft werde. Trotz dieser Maßnahmen verloren die Assignaten rapide an Wert.

Auch im 20. Jahrhundert kam es immer wieder zu Problemen mit den reinen Fiat-Währungen. In den USA entband Präsident Franklin D. Roosevelt im Jahre 1933 die US-Zentralbank von der Verpflichtung, die US-Dollarnoten, die von den Bürgern eingereicht wurden, in Goldmünzen einzutauschen. Privater Goldbesitz im Wert von mehr als 100 US-Dollar wurde für illegal erklärt und mit bis zu zehn Jahren Gefängnis sowie der Beschlagnahme des Goldes bestraft. Ähnlich hielten es auch Hitler und Mussolini in Deutschland und Italien. Das 1944 eingeführte, vom US-Dollar als Leitwährung geprägte

Bretton-Woods-System brach 1973 wieder zusammen, nachdem die Vereinigten Staaten der eingegangenen Verpflichtung, von Mitgliedsstaaten eingereichte US-Dollars in Gold einzulösen, nicht mehr nachkamen – weil sie das auch längst nicht mehr gekonnt hätten.

1.4 Was ist Geld: nicht mehr als ein Versprechen

Geld entsteht zuerst in den nationalen Notenbanken bzw. in den Zentralbanken, wie z. B. der US-FED (Federal Reserve) oder der EZB, der Europäischen Zentralbank in Frankfurt. Das Zentralbankgeld wird dann noch weiter vervielfältigt in den Banken, die mit jedem neuen Kredit zusätzliches neues Geld schaffen (Giralgeld). Seit 2010 wird im Euroland auch Geld aus Schulden gemacht, seit die EZB begonnen hat, Staatsanleihen aus Euroländern von den Banken aufzukaufen und dafür Geld herauszugeben. Nach dem Vorbild der USA werden solcherart Schulden monetarisiert, also zu Geld gemacht.

Für Geld gilt ein gesetzliches Zahlungsversprechen. Das Geld muss zur Schuldtilgung angenommen werden und vor allem auch zur Zahlung der Steuern an den Staat. In der Krise bieten Geldwerte nur so lange Sicherheit, solange das Vertrauen in die Geldwährung hält – und die Bürger das Geld noch annehmen. Bedenkenlos krisensicher sind Geldwerte daher nie. Sie bieten nur eine *Schein*sicherheit, solange die Menschen daran glauben und auch die Bewertung sämtlicher Sachwerte in dieser Währung vorgenommen wird. Steigen aber alle Sachwerte gleichzeitig in dieser Währung an, dann kann das auch ein Zeichen für die Entwertung des Geldes sein.

Die Nachfrage nach Geld ist eine Nachfrage nach Geldvorräten.

Weil niemand genau wissen kann, was die Zukunft bringt, er trotzdem auch in Zukunft seine Bedürfnisse befriedigen will, legt er Geldvorräte an. Natürlich könnte man genauso gut andere Vorräte anlegen, etwa an Nahrungsmitteln oder Kleidern.

Da allerdings nicht sicher ist, in welcher Form sich ein zukünftiger Mangel bemerkbar machen könnte, bietet ein Geldvorrat (egal, ob unter dem Kopfpolster oder bei der Bank) die größtmögliche Vorsorge. Wer beispielsweise im Keller seines Hauses große Vorräte an Lebensmitteln lagert und die Heizöltanks randvoll füllt, hat sicher gegen Hungersnot und Kälte im nächsten Winter vorgesorgt.

Was passiert aber, wenn der kommende Winter nicht sehr kalt wird und nicht viel geheizt werden muss und wenn es doch nicht zu einer Versorgungskrise bei Lebensmitteln kommt? Dann bleibt das Heizöl ungenutzt in den Tanks. Das Geld, das in den Heizölvorräten gebunden bleibt, hätte man anderswo sinnvoller anlegen können – oder sogar gewinnbringend, mit Zinsen. Womöglich müssen die Lebensmittelvorräte entsorgt werden, weil das Ablaufdatum überschritten wurde. Und wer weiß: Vielleicht wären die Heizölpreise bei der nächsten Einlagerung sogar wieder billiger gewesen?

Die Zeit-Qualität des Geldes.

Geld hat je nach der beabsichtigten »Lagerdauer« eine jeweils unterschiedliche Qualität, einen unterschiedlichen Wert. Konkret: Geld, das ich heute zur Verfügung habe, um Güter zur Bedürfnisbefriedigung damit zu kaufen, ist grundsätzlich immer nützlicher und daher wertvoller als zu einem späteren, aufgeschobenen Zeitpunkt.

Wenn ich also meinen Geldvorrat, den ich mir für die Sicherung und Befriedigung meiner Bedürfnisse angelegt habe, nicht sofort verwende, sondern das Geld jemandem anderen zur Verfügung stelle, dann hat dieser das Geld sofort zur Verfügung und kann damit Investitionsgüter wie beispielsweise Maschinen anschaffen und damit sofort Geld verdienen. Daher ist das geliehene Geld für ihn mehr wert als für mich, der ich es erst später ausgeben will. Und von diesem zusätzlichen *Mehr*wert wird er mir auch etwas abgeben müssen – das nennt man dann im einen Fall Gewinnbeteiligung oder andernfalls Zinsen.

Gewinnbeteiligung oder Zinsen.
Gerechterweise sollte diese Beteiligung für das zur Verfügung gestellte Geld davon abhängig gemacht werden, ob auch wirklich ein Gewinn damit erzielt werden konnte. Das wäre dann eine echte Gewinnbeteiligung, wie sie ja vorliegt, wenn sich jemand am Unternehmen eines anderen mit einem Geschäftsanteil beteiligt, sei es nun als »stiller Gesellschafter«, Kommanditist, Komplementär, Teilhaber an einer Gesellschaft mit beschränkter Haftung oder als Aktionär. Günstiger im Ergebnis ist eine Beteiligung über eine Unternehmensanleihe mit vereinbarten fixen Zinsen. Da gibt es nur das Schuldner-Risiko, aber kein Ertrags-Risiko.

Braucht jemand dringend Geld für seine Konsumausgaben, für die er noch nicht genug ansparen konnte, wird er es von denen borgen, die den Sparvorgang schon abgeschlossen haben, ihr Geld aber später ausgeben wollen. Das geschieht aber auch nicht direkt vom Sparer an den Kreditnehmer, sondern über die Vermittlung einer Bank als Vermittler. Ob der Kreditnehmer mit dem geliehenen Geld wirklich einen Erfolg erzielen kann oder ob er das Geld nur für den Konsum geliehen hat, darauf kann sich eine Bank nicht einlassen – sie wird daher in jedem Falle schon im Vorhinein bindende Zinsvereinbarungen treffen. Dabei wird auch noch eine Risikoprämie mit eingerechnet, für den Fall, dass der Schuldner seine Zinsen und das geliehene Geld nicht zurückzahlen kann. Und weil die Banken bei der Kreditabrechnung besonders gründlich vorgehen, berechnen sie auch noch Zinsen von den im Kreditverlauf anfallenden Zinsen: die Zinseszinsen! Sie werden – je nach weltanschaulicher Betrachtungsweise – einmal als »achtes Weltwunder des Finanzsystems« oder als »Krebsübel der Gesellschaft« bezeichnet. Für das exponentielle Wachstum der Staatsschulden während der letzten 35 Jahre dürfte wohl Letzteres gelten.

Ein Zinseszins-Beispiel aus der Welt der Mathematik:
Manhattan, der berühmte Stadtteil New Yorks, wurde 1629 von den Indianern um 24 USD verkauft. 2010, nach nicht ganz 382 Jahren, wären das bei 7,17 % durchschnittlichen Zinsen

8,5 Billionen USD oder
8500 Mrd. USD oder
8 500 000 000 000 USD

Übrigens: Versuchen Sie nie, so viel Geld zu zählen! Wenn man Dollars einzeln herunterzählt – jede Sekunde 1 $ – dann zählt man für 1000 Milliarden = 1 Billion ganze 31 688 Jahre!

2. Inflation und Teuerung

Die Statistik Austria hat im Juli 2011 die offizielle Inflationsrate für Juni 2011 mit 3,3 % bekannt gegeben. Als Begründung wurden die stark gestiegenen Preise für Energie und Lebensmittel genannt. Während die offizielle Inflationsrate im Juni mit 3,3 % festgestellt wurde, sind nach einer Erhebung der Arbeiterkammer die Preise für Lebensmittel des täglichen Bedarfs beispielsweise um 15 % im Jahresvergleich gestiegen. Bei den Treibstoffen an der Tankstelle waren es 16 %. Die Preisentwicklung für den täglichen Einkauf, die aus einem Warenkorb von 41 Gütern des täglichen Bedarfs abgeleitet wurde – hauptsächlich an Lebens- und Reinigungsmitteln –, lag demnach um 15 % höher als noch vor einem Jahr. Allein in den Monaten März bis Juni 2011 betrug die Teuerung 7,8 %. Die hier ersichtlichen und eklatanten Unterschiede zwischen der veröffentlichten offiziellen Inflationsrate von 3,3 % und der Teuerung für die Güter des täglichen Bedarfs mit 15 % zeigen das echte Problem solcher Werte auf, die eben auch begrifflich zu unterscheiden sind: Inflation und Teuerung sind einfach nicht dasselbe. Und sie wirken sich auch ganz unterschiedlich aus.

2.1 Inflation, Geldwertverdünnung und Teuerung

Die Inflation ist allgegenwärtig, sie ist aber nicht dort, wo man sie vermutet. Die Inflation wird gewöhnlich als Veränderung der Verbraucherpreise gemessen. Diese Index-Veränderung, die monatlich veröffentlicht wird, kann aber bei weitem nicht immer die echte Geldwertverdünnung darstellen. Finanztechnische Geldwertverdünnung entsteht dadurch, dass mehr Geld in Umlauf gebracht wird, als reale Güter und Leistungen in der Volkswirtschaft hervorgebracht werden. Oder konkret: Die Geldmenge steigt stärker als das reale Bruttoinlandsprodukt (BIP).

Auf die Umlaufgeschwindigkeit des Geldes achten.
Hier ist allerdings eine Einschränkung fällig: Die echte Geldwertverdünnung kann nicht 1:1 durch den Vergleich von realem Wirtschaftswachstum und Geldmengenwachstum dargestellt werden. Vielmehr darf hier auch die Umlaufgeschwindigkeit des Geldes nicht außer Acht gelassen werden. Dann sieht die Rechnung nämlich schon wieder ganz anders aus – und zwar nicht ganz so drastisch und nicht ganz so gefährlich.

Inflation und Teuerung: Ursache und Wirkung.
Bei der Verwendung der beiden Begriffe »Inflation« und »Teuerung« kommt es regelmäßig zu einer Gleichsetzung in deren Bedeutung – und damit werden die Zusammenhänge von Ursache und Wirkung verwischt. Gregor Hochreiter, einer der leitenden Ökonomen des Wiener Instituts für Wertewirtschaft, definiert beispielsweise *Inflation* als »Ausweitung der ungedeckten Geldmenge« und *Teuerung* als »Anstieg des allgemeinen Preisniveaus«. Damit ergibt sich eine klare Festlegung von Ursache und Wirkung: Die Inflation, also die Ausweitung der Geldmenge, ist im Normalfall der Grund für die Geldwertverdünnung. Die Teuerung ist von ihrer Wirkung her nur eine Folge der Inflationierung bzw. Geldwertverdünnung.

2.2 Warum die Inflationsraten niedrig ausfallen sollen.

Die Kritik, wonach der amtliche Verbraucherpreisindex immer stark von der tatsächlichen Teuerung abweicht, ist nicht neu. Die Steigerungsraten im amtlichen Verbraucherpreisindex werden natürlich nicht ganz ohne Absicht niedrig gehalten, das ist leicht zu durchschauen:

Die laufende Anpassung der Bezüge für die Beamten und öffentlich Bediensteten in Bund, Land und Gemeinden richtet sich ebenso nach dem Verbraucherpreisindex wie die Angleichung der Pensionen über den sogenannten »PAG-Faktor« (PAG = Pensions-Anpassungs-Gesetz), der die Höhe der Sozialversicherungspensionen und die Zuschüsse aus dem Steuertopf regelt. Der Verbraucherpreisindex gilt auch als Grundlage für die Festsetzung der vielen Sozialzuschüsse, Subventionen und Transferleistungen des Staates.

Statistische Tricks.

Ein eigenes Kapitel für das Interesse des Staates an niedrigen Inflationsraten ist der Berechnungsmodus für das Wirtschaftswachstum:

Je niedriger die Inflationsrate, umso höher fällt das reale Wirtschaftswachstum im BIP aus. Und da stehen die Politiker eben viel besser vor den Wählern da, wenn sie auf niedrige Inflationsraten und hohes BIP-Wachstum hinweisen können. Da lassen sich ganz gemütlich auch kleinere und größere Dellen in der Konjunkturentwicklung auf diese Weise »ausbügeln«. Ein Schelm, wer Böses denkt …

Dass die kollektivvertraglichen Lohnabschlüsse in Österreich seit Jahren schon immer so »moderat« ausgefallen sind, ist sicher auch eine Folge der so »milden« offiziellen Inflationswerte.

Der willkürliche Warenkorb.

Ein wichtiges Element für die Erzielung möglichst niedriger Werte für den Verbraucherpreisindex ist naturgemäß die Zusammensetzung des Warenkorbs, über dessen Preisentwicklung die durchschnittliche Teuerung errechnet werden kann –

wobei schon der Begriff der durchschnittlichen Entwicklung ein zentrales Problem darstellt.

Wenn also in die Güter des täglichen Bedarfs auch Eheringe und Begräbniskosten, Friseurtarife und Kinokarten, aber auch Anschaffungskosten für Autos, PCs, Smartphones und MP3-Player gemeinsam mit den Preisen für Brot, Milch und Käse eingerechnet werden, dann ist es klar, dass hier Verbilligungen bei technischen Gütern die Teuerungen etwa bei Wohnungsmieten, Treibstoffen und Lebensmitteln statistisch im Durchschnitt ausgleichen und damit verwischen. Manipulativ können sich auch verschiedene Bewertungsmethoden auswirken: Einzelne Konsumbereiche werden beispielsweise geometrisch gewichtet. Teilweise seltsame Ergebnisse fördert auch die sogenannte »hedonische Berechnungsmethode« zutage. Es werden bei einem Buch nicht nur der Preis, sondern auch die Seitenzahl, die Größe des Buches und die Art des Einbandes mitberücksichtigt. Hier kann dann durchaus eine Verbilligung herausgerechnet werden, obwohl in der Realität Bücher teurer geworden sind. Eine andere Form der »Anpassung« funktioniert übrigens über den »Surrogatansatz« – also über die Bewertung eines Ersatz-Konsums. Hier gehen die Statistiker davon aus, dass die Menschen auf faschiertes Fleisch umsteigen, wenn ihnen das Schnitzel zu teuer wird – und flugs, setzt man billigeres Faschiertes für Schnitzelfleisch in die Berechnung ein. Wen soll es da noch wundern, dass bei einer offiziellen »Inflationsrate« von 3,3 % die Menschen mit einer Verteuerung ihrer Lebenshaltungskosten von 15 % fertig werden müssen – und sich zu Recht darüber ärgern und aufregen!

2.3 Was uns über die Gefährlichkeit der Inflation hinwegtäuscht: die Geld-Illusion

Bei der Flucht vor der Inflation und der Anlage von Geldvermögen in Sachwerte sollten wir daran denken, dass es dabei im Prinzip auch nur um Tauschhandel geht. Geld wird gegen andere Güter getauscht. Dabei geht es um den Tauschwert des Geldes und der getauschten Güter. Das gilt auch für den Kauf von Konsumgütern.

Ein Beispiel:
Vor 2000 Jahren konnte man sich um den Wert einer Unze Gold im »Alten Rom« eine elegante Toga schneidern lassen, im Mittelalter ein Herrenkleid, und auch heute muss man für einen schönen Maßanzug den Wert einer Unze Gold hinlegen. Der Wert des Goldes blieb auch in der Kaufkraft erhalten – die Währungen aber, die es in diesen 2000 Jahren gegeben hat, sie kamen und sie gingen wieder. Goldexperten haben ausgerechnet, dass man 1950 auch dieselbe Menge an Benzin für eine Unze Gold bekommen konnte wie 2011.

Der Preis für Gold in Dollar ist seit 2001 auf mehr als das Vierfache gestiegen. Das heißt doch eigentlich im Umkehrschluss, dass der US-Dollar im Vergleich zu 2001 nur noch ein Viertel wert ist?

Noch ein Beispiel:
Angenommen, man findet im Keller oder im Garten eine vergrabene Kiste mit Wertgegenständen von den Urgroßeltern. Die Reichsmark in Papierwährung haben längst keinen Wert mehr, das Tafelsilber oder die Goldmünzen hingegen schon …

3. Die Zinsen

Wer im Sommer 2011 auf seinem Sparbuch 2,5 % Zinsen für eine mehrjährige Laufzeit bekommen hat, musste eine traurige Rechnung anstellen: Wenn ihm von den 2,5 % Brutto-Zinsen noch 0,625 % an Kapitalertragssteuer abgezogen werden, dann bleiben ihm bei 3,3 % Inflationsrate auf seinem Sparbuch flotte - 1,425 % Negativ-Zinsen.

Konkret: Der Wert der Spareinlage verringert sich jährlich offiziell um 1,425 %, praktisch wahrscheinlich um weit mehr. Die Inflation frisst sein Sparbuch auf!

3.1 Steigt die Inflation – steigen die Zinsen

Nach dem absoluten Zinsen-Tiefststand Anfang 2010 hat die EZB ab 2011 begonnen, die Leitzinsen in kleinen Schritten wieder anzuheben, zwar immer nur um 25 Basispunkte, also ein Viertelprozent, aber solcherart hat sich der 3-Monats-Euribor, der als Basis für die meisten Kundengeschäfte gilt - auch für die Kreditzinsen - vom Sommer 2010 bis zum Sommer 2011 praktisch verdoppelt. Das schlägt anteilsmäßig natürlich auch auf die Kundenkredite und mit etwas Verzögerung und deutlich abgeschwächt auch auf die Sparzinsen durch.

3.2 Steigende Inflation – höhere Zinsen: die Hoffnung trügt

Die langfristige Erfahrung lehrt, dass bei steigenden Inflationswerten auch die Zinsen anziehen, wenn auch nicht im Gleichklang mit der Inflation. Die Zentralbank als Hüterin der Geldwertstabilität muss bei Überhitzung der Konjunktur die Aufnahme neuer Kredite – und damit die Ausweitung der Geldmenge – einbremsen. Sie setzt die Leitzinsen hinauf, und das verteuert die Kredite. Ganz anders geht die Zentralbank in Zeiten der Rezession und der Krise vor. Hier war zuletzt auch die EZB sehr vorsichtig. Im Währungs-Wettlauf mit den USA, wo das Geld seit mehreren Jahren bereits billig gehalten wird, wurden auch die Euro-Zinsen nur ganz vorsichtig angehoben, um die seit 2010 wieder deutlich verbesserte Konjunkturentwicklung nicht zu gefährden. Wer nun angesichts der deutlich gestiegenen Inflationsraten mit rasch steigenden Zinsen auf dem Geldmarkt rechnet, dürfte sich nach Meinung der Fachleute verrechnet oder getäuscht haben:

Mag. Veyder-Malberg von der Kapitalbank etwa schätzt die Wahrscheinlichkeit von stärker steigenden Zinsen mit 1:9 ein. Sein Argument: Mit der Prognose für die richtige Entwicklung der künftigen Zinsen haben sich die Analysten in der Vergangenheit schon immer schwergetan und sich meist fundamental geirrt. Interessanterweise zeigten die »Forwards«, also die Prognosen der Analysten, fast immer nach oben, wenn es nachher eigentlich flach weiter oder nach unten gegangen war. Und da könne man sich auch diesmal leicht irren.

In dieselbe Kerbe schlägt auch Frau Dr. Susanne Höllerer, die Leiterin im Privatkundengeschäft der Erste-Bank: Die Zinsen werden nicht steigen – nicht die Geldmarktzinsen und erst recht nicht die Anleihezinsen. Im Moment könne sich niemand höhere Zinsen wünschen – abgesehen von den Sparbuch-Sparern. Höhere Zinsen wären derzeit auch bei den Anleihen auf dem Kapitalmarkt alles andere als erfreulich. Wer Anleihen im Portefeuille hält, müsste bei einem Steigen der Zinsen mit Kursverlusten rechnen. Und die Staaten als Emittenten mit einer hohen Verschuldungsrate müssten erst recht an niedrigen Anleihezinsen interessiert sein. Ein höheres Zinsniveau war zuletzt im Euroraum auch nicht mehr zu befürchten. Ein Aufwärtstrend bei den Anleihezinsen könne nicht vom Wirtschaftsaufschwung kommen, meint Frau Dr. Höllerer, sondern höchstens von einer Rohstoff-indizierten Inflation.

3.3 Die Inflation wird kaum noch steigen – und die Zinsen auch nicht

Zusammenfassend meint die Expertin von der Erste-Bank, dass in nächster Zukunft auch die Rohstoffpreise keine echte Gefahr für die befürchtete hohe Inflation darstellen werden. Die Rohstoffpreise haben seit 2008 in einigen Phasen durch übertriebene Spekulationsversuche eine Blase gebildet – und die haben die steigende Inflation im Sommer 2011 verursacht. Aber die Rohstoffpreise werden eher wieder fallen, weil die seit dem IV. Quartal 2010 merkbare verbesserte Konjunktursituation vermutlich nicht anhalten wird. Alles Negative habe auch sein Gutes. Und dann im O-Ton: »Die Erste-Bank rechnet mit nur leicht steigenden Zinsen … und man ist kein echter Prophet, wenn man sagt, dass die EZB die Geldmarktzinsen auch in Zukunft nur leicht anheben wird.«

Die Probleme der Kreditnehmer.
Auch wenn die Geldmarktzinsen nur leicht steigen, können die Kreditzinsen für hochverschuldete Bankkunden sehr wohl zur Belastung werden. Das gilt sowohl für die Finanzierung von Großinvestitionen in Unternehmen als auch erst recht bei Konsumkrediten in privaten Haushalten. Abhilfe schaffen kann da am ehesten eine Verlängerung der Laufzeit mit entsprechender Kürzung der Monatsraten. Die wirklich ernsten Probleme gibt es seit einiger Zeit ohnedies nicht bei den Zinsen, sondern bei den Fremdwährungskrediten – wegen der Kursverluste des Euro gegenüber dem Schweizer Franken.

Zins-Caps.
Absicherungen gegen steigende Marktzinsen bzw. die Höhe der persönlichen Kreditzinsen gibt es auch bei den ganz normalen Bankkrediten: Sogenannte »Zins-Caps« garantieren eine Obergrenze für die absolute Höhe der Zinsen. Das funktioniert so wie eine Versicherung: Wenn die Zinsen über eine vereinbarte Obergrenze steigen, muss die Versicherung das an Zinsen zahlen, was darüber liegt.

III. Was bedroht unser Geld?

1. Die Schuldenkrise

Staatsschuldenkrisen, wie wir sie seit Jahren in Europa und in den USA erleben, hat es schon immer gegeben, seit Jahrtausenden, seit es Staatswesen mit einem eigenen Finanzsystem gegeben hat.

Ein historischer Rückblick zeigt sehr deutlich, dass der Ablauf der Krisen immer demselben Muster folgte: Schuldenkrise – Währungskrise – Wirtschaftskrise – politische Krise. Ursächlich standen fast immer Kriege als Auslöser solcher Schuldenszenarien am Anfang. Schulden und ein Niedergang des Währungssystems waren dann stets das Ende des Staatswesens.

1.1 Staatsschulden waren stets der Anfang vom Ende

Für die Schuldenprobleme und den Untergang des Römischen Reiches werden von den Geschichtsschreibern eindeutig die hohen Militärausgaben verantwortlich gemacht, die zur Erhaltung der unzähligen Legionen von Söldnern an den Grenzen des Reiches notwendig waren. Dazu kamen noch die gewaltigen »Sozialausgaben« für die Verteilung von Gratis-Lebensmitteln an die Massen, die man mit »Brot und Spielen« bei Laune halten musste. Die Entwicklung zum Wohlfahrtsstaat brachte Rom an die Grenzen der Finanzierbarkeit des Staates. Nicht zuletzt war es eine völlig aus den Fugen geratene Bürokratie, die jede vernünftige Budgetgestaltung unmöglich machte. Weil eine Sanierung der Staatsfinanzen mit höheren Steuern nicht erreicht werden konnte, holten sich die römischen Kaiser die Mittel über eine gigantische Ausweitung der Geldmenge und verursachten damit eine Hyperinflation. Die Geldmenge wurde über eine Verkleinerung der Goldmünzen herbeigeführt. Das Gewicht des »Aureus« wurde in der Zeit von 20 v. Chr. bis 260 n. Chr. von 10,5 Gramm auf 0,77 Gramm »verdünnt«. In gleicher Weise verfuhr man auch mit dem silbernen »Denarius«. Es folgte eine Hyperinflation von 15 000 %. Der spätere Niedergang des Römischen Reiches ist Geschichte. Wenn zwischen damals und heute gewisse historische und sachliche Parallelen erkennbar sind, dann ist das vermutlich kein Zufall.

Soldaten, Beamte und Pensionisten als Bedrohung für die Staatsfinanzen.

Der angesehene österreichische Ökonom, Professor Erich Streissler, der auch als hervorragender Geldtheoretiker gilt, verweist im Hinblick auf die Ursachen für die Verschuldungstendenzen in Europa und Amerika auf Zusammenhänge, die auf den ersten Blick zynisch klingen, deren Nachvollziehbarkeit letztlich bestechend ist.

Er meinte in einem Vortrag in Wien, dass eigentlich schon seit 300 Jahren, also konkret von Ludwig XIV. in Frankreich bis zum unseligen Vietnamkrieg der Amerikaner, »das zentrale geldpolitische Problem die kostspielige Kriegsführung und Kriegsfinanzierung war«. Aber solche Kriege, die auch immer an Menschenleben sehr teuer waren, hätten immerhin einen »großen langfristigen Wirtschaftsvorteil gehabt: Es bleiben nur wenige Menschen über, die man dann im Alter erhalten muss«. Das kostspielige Heer könne man selbst in kurzen Friedenszeiten teilweise abbauen. Aber, so führte Professor Streissler weiter aus, »Demokratien freilich mögen Kriege, die die Bevölkerung dezimieren, nicht. So haben wir seit zirka 40 Jahren keine großen Kriege mehr. Aber wirtschaftlich haben wir anstelle kostspieliger Kriege etwas noch Kostspieligeres an deren Stelle gesetzt: riesige Armeen von staatlich bezahlten Pensionisten sowie große Truppenbestände von Staatsbediensteten, von Beamten. In den USA kommen noch die ungewöhnlich hohen öffentlichen Gesundheitskosten dazu«. Soweit also die sehr nüchterne Darstellung der demografischen Zusammenhänge von Kriegsgenerationen und friedensgeschützten Baby-Boomern.

Tatsächlich sind ja die sozialen und wirtschaftlichen Probleme, die sich aus der demografischen Entwicklung, also der alternden Gesellschaft, ergeben, zur Hauptbedrohung der Staatsfinanzen in den Ländern mit einem höherentwickelten Sozialsystem geworden:

Die Erste Group verweist in ihrem Gold-Report aus 2011 in diesem Zusammenhang auf die S&P-Studie (Standard & Poors) »Global Aging 2010 – an irreversible truth«, in der 32 OECD-Staaten und 17 »Emerging Markets«-Länder, also fortgeschrittene Entwicklungsländer, untersucht wurden. Demnach, so heißt es hier, »wird die Belastung durch Pensionen, Gesundheitssystem und Alterspflege die Schuldenlast innerhalb der Industrienationen dramatisch steigen lassen. Als abschreckende Vision wird hier eine Prognose für den zukünftigen Netto-Schuldenstand in Deutschland vorgestellt, eine Entwicklung, von der wir bei weitgehend ähnlicher Problemlage grundsätzlich auch für Österreich ausgehen können:

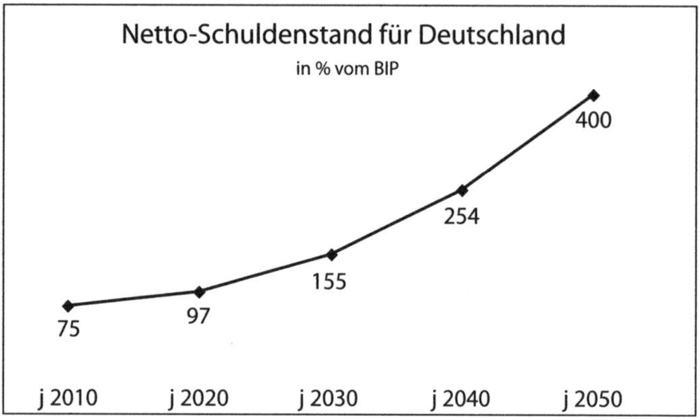

Quelle: S&P.

Hinzufügen müsste man wohl die Feststellung, dass dies eine Fortschreibung der aktuellen bzw. bisherigen Entwicklung darstellt – unter der Annahme, dass keine politischen Schritte zur Stabilisierung der Staatsfinanzen unternommen werden.

1.2 Geht der Goldstandard, kommen Schuldenkrise, Währungskrise und Inflation

Ein weiteres Merkmal, das alle bisherigen Schulden-, Währungs- und Finanzkrisen bisher gemein hatten, ist die Aufgabe des Goldstandards, also der Golddeckung dieser Währungen. Ganz allgemein wurde die Golddeckung der Währungen weltweit ab 1914 aufgegeben. Vor allem die europäischen Länder konnten es sich einfach nicht mehr leisten, ihre immensen Kriegsausgaben über ein Finanz- und Währungssystem aufzubringen, das durch die engen Vorgaben der Golddeckung beschränkt war. Bei explosionsartig auftretenden zusätzlichen Staatsausgaben wird der Goldstandard zur »Zwangsjacke«, denn die Golddeckung zwingt zur Einhaltung von ausgeglichenen Budgets. Die Goldwährung hat zwei zentrale Vorteile, meint auch Universitätsprofessor Erich Streissler: »Der so genannte Goldautomatismus führt zur automatischen und relativ raschen Beseitigung von Leistungsbilanzdefiziten: Bei einem Leistungsbilanzdefizit fließt Gold zur Begleichung desselben ins Ausland, die Preise im Inland sinken, die Zinssätze steigen und das führt zu einer rezessiven Tendenz im Inland, die das Leistungsbilanzdefizit automatisch kuriert«. Den zweiten Vorteil, so Streissler, könne man in der Währungspolitik sehen: »Die Erhaltung des inländischen Goldes dominiert die Fiskalpolitik, d.h. die Staatsausgaben und Staatseinnahmen. Will ein Staat mehr ausgeben als bisher – relativ zum Sozialprodukt –, so geht das nur über höhere Steuern, aber nicht über Schulden, die zu einem Goldabfluss ins Ausland führen würden.«

Die USA und ihr Dollar mit Golddeckung konnten nach 1914 so richtig ihre Rolle als Weltreservewährung begründen und ausbauen. Fiskal- und währungspolitische Rücksichten waren nicht erforderlich, die Notenpresse konnte immer wieder in Gang gesetzt werden, wenn man das so wollte oder brauchte. 1972/1973 war aber auch für die USA die »Götterdämmerung« gekommen. Professor Streissler bemerkt dazu: »Die USA hatten ihre stabile Währung durch den, in mehr als einem Wortsinn, verlustreichen Vietnam-Krieg verspielt und erlitten in den 1970er Jahren die größte Inflation, die sie je in ihrer Geschichte – einschließlich aller Kriege – durchgemacht hatten.«

Die Aufgabe des US-Goldstandards 1973 war der Sündenfall – und der Anfang der Schulden- und Währungskrise.

Zur Verdeutlichung dieser Aussage wollen wir einen Zeitzeugen zitieren: Alan Greenspan, den langjährigen Chef der US-Notenbank FED. Was sagte Herr Greenspan damals, 1966, als die ersten Argumente und Forderungen nach einer Abschaffung des Goldstandards in den USA auftauchten?

»Die Abschaffung des Goldstandards würde es ermöglichen, das Bankensystem für eine unbegrenzte Schuldenexpansion zu missbrauchen«. Es waren wahrhaft prophetische Worte, denn was nach der tatsächlichen Aufgabe der Golddeckung für den US-Dollar herauskam, war im Endeffekt eine gigantische US-Schuldenblase.

Bis 1970 lag die Gesamtverschuldung der USA im Durchschnitt bei etwa 150 % des BIP bzw. des US-GDP (Gross Domestic Product = Bruttoinlandsprodukt). Es handelte sich hier allerdings um die Gesamtverschuldung der USA, also Staats-, Unternehmens- und Privatschulden. Nach 1973 – also nach der Aufgabe des Goldstandards –ging es nur noch steil aufwärts mit der Verschuldung der USA:

Von 1970 bis 1995 ist die Verschuldung von 150 % auf 275 % des GDP und von 1995 bis 2010 sogar bis über 400 % gestiegen. Dabei handelt es sich hier, wie bereits betont, um die Gesamtverschuldung der USA. Die reinen Staatsschulden machen ja »nur« 100 % des Nationalprodukts aus, der Rest entfällt auf die Unternehmen und vor allem auf die hoch verschuldeten privaten Haushalte.

1.3 Mit dem billigen Geld der FED hat alles begonnen: »The great moderation«

Damals, 1969 bis 1971, wurden die Zinsen in den USA drastisch gesenkt. Es wurde zur Ankurbelung der Konjunktur Geld in die Wirtschaft gepumpt. Der Hauptverantwortliche für die Politik des billigen Geldes in den USA war ironischerweise jener Alan Greenspan, der, wie erwähnt, noch 1966, lange bevor er Chef der Federal Reserve wurde, genau davor so eindringlich gewarnt hatte.

1982 lagen die Geldmarktzinsen – in einer Ausnahmesituation – bei 22 %, 2007 lagen die Geldmarktzinsen bei 1 %, 2010 und danach nur noch knapp über null.

Was war passiert?

Der Preis für das Geld ist in den USA bis 2007 immer billiger geworden. Die konjunkturpolitische Absicht war klar: Es ging darum, Investitionen anzureizen. Allerdings, wer immer nur an derselben Schraube dreht, kann sie auch *überdrehen* – und dann ist die Wirkung der investierten Mittel gleich null oder sogar deutlich negativ.

Wenn Geld zu billig auf den Markt kommt, zu niedrigen Zinsen, dann wird *überinvestiert*, es kommt zu Überkapazitäten in Betrieben und Branchen; diese müssen dann aufgrund des exzessiven Wettbewerbs ihre Produkte billiger und teilweise unter den echten Preisen verkaufen, um zu überleben, es wird in den privaten Haushalten *überkonsumiert* und es kommt in allen Bereichen – Staat, Unternehmen und Private – zur Überschuldung.

Die US-Staatschulden-Explosion

Für die USA war seit dem Frühjahr 2011 – mit Ende April – die letzte Schuldenobergrenze erreicht. Immerhin lagen die USA mit ihrer Schuldenobergrenze bereits bei 99 % des Inlandsprodukts.

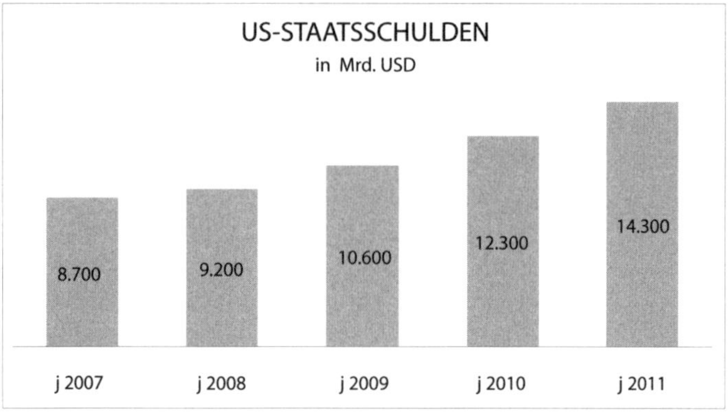

Im Vergleich zu den fast 100 % US-Staatsschulden, gemessen am Bruttoinlandsprodukt, liegen die europäischen Staaten im Durchschnitt noch deutlich unter diesem Wert (80,2 % vom BIP). Dennoch hat die rasante Zunahme der Verschuldung auch hier besorgniserregende Ausmaße angenommen. Angemerkt werden muss natürlich, dass die Verschuldung der einzelnen Staaten im Verlauf des Jahres 2011 in einigen Fällen – wie beispielsweise in Griechenland, aber auch in Italien und Slowenien – noch deutlich nach oben korrigiert werden musste.

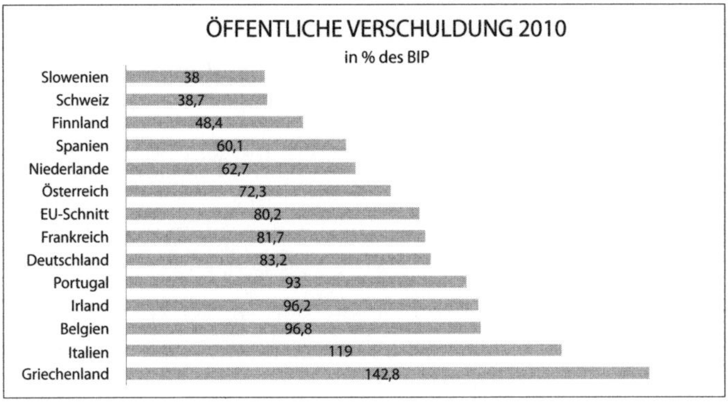

2011 lag das Budget-Defizit im EU-Schnitt bei –4,7 % vom BIP. Österreich lag mit seinen prognostizierten –3,1 % schon ganz nahe bei der im Maastricht-Vertrag erlaubten 3-%-Marke. Unter der Maastricht-Marke liegen nur wenige Staaten, darunter Deutschland mit –2 %.

1.4 Mehr Schulden – mehr Finanzprobleme – weniger Wachstum

Wenn die Konjunktur sich verlangsamte, wenn die Investitionen der Unternehmer stockten und die Konsumausgaben zu langsam wuchsen, dann war es über viele Jahre und Jahrzehnte ratsam, das Wachstum über niedrige Zinsen – also billige Kredite – und eine Ausweitung der Budgetausgaben anzukurbeln, auch wenn der Staat dafür Schulden in Kauf nehmen musste. Man folgte den theoretischen Ratschlägen von John Maynard Keynes.

Das Gesetz von den »Abnehmenden Grenzerträgen« relativiert die Anwendbarkeit der Theorien von John M. Keynes.
So richtig und sinnvoll die Vorschläge von Mr. Keynes in den ersten Nachkriegsjahren gewesen sein mögen, für die Gesetzmäßigkeiten der Konjunktur in gesättigten Märkten sind sie nicht mehr relevant. Auch wenn das den einen oder anderen »Keynesianer« schmerzen mag, es ist leider wirklich so. Der »Erste-Gold-Report« zitiert in diesem Kapitel Woody Brock: »When there's already a lot of red ink, Keynes does not work«! Auf gut Deutsch also: Wenn ein Land schon zu sehr überschuldet ist, dann bewirken die Ausgaben und die zusätzlichen Schulden auch nichts mehr ...

Zur Erklärung dieser Aussage kann man das Gesetz von den abnehmenden Grenzerträgen aus der Volkswirtschaftslehre heranziehen, wie es Ende des 19. Jahrhunderts von Carl Menger postuliert wurde. Demnach erzielt jede zusätzlich eingesetzte Einheit von Geld oder Gütern bis zur Sättigung des Bedarfs bereits abnehmenden Nutzen und daher abnehmende Erträge. Wurde der Grad der Sättigung erreicht, geht der Nutzen gegen null oder sogar ins Minus.

Denken wir dabei an das Wasser für einen Menschen, der in der Wüste fast verdurstet. Für den ersten Schluck würde er alles geben, was er an Reichtümern hat, weil er überleben möchte. Sobald der Durst gestillt ist, wird weiteres Wasser für ihn wertlos. Oder denken wir an einen Acker, der gut gedüngt werden muss, damit die Erträge steigen. Bis zu einem gewissen Grad werden wir mit mehr Dünger auch mehr ernten können, aber bei zunehmendem Grad der Düngung werden die zusätzlichen Erfolge pro Extra-Dünger-Einheit abnehmen. Und irgendwann ist dann sogar der Punkt der Überdüngung erreicht, dann haben wir den Boden schon beschädigt.

Zu viel Schulden für die USA – kein Extra-Wachstum mehr. In den USA hielt man 2008 gerade noch bei einem Koeffizienten von 0,2, wenn man das Wachstum des Bruttoinlandsprodukts durch das Wachstum der Staatsschulden dividiert. Das hieß also konkret: Wenn der Staat 1 US-Dollar mehr investiert und dafür um 1 Dollar mehr Schulden macht, dann bekommt er gerade noch 20 Cent über das zusätzliche Bruttoinlandsprodukt zurück. Oder anders ausgedrückt: Man muss um 5 USD mehr Schulden machen, damit man wenigstens 1 Dollar mehr Wachstum haben kann. 2010 war das Verhältnis zwischen Schulden und Wachstum schon negativ. Mehr Schulden, aber kein zusätzliches Wachstum mehr: ein wahrlich schlechtes Geschäft!

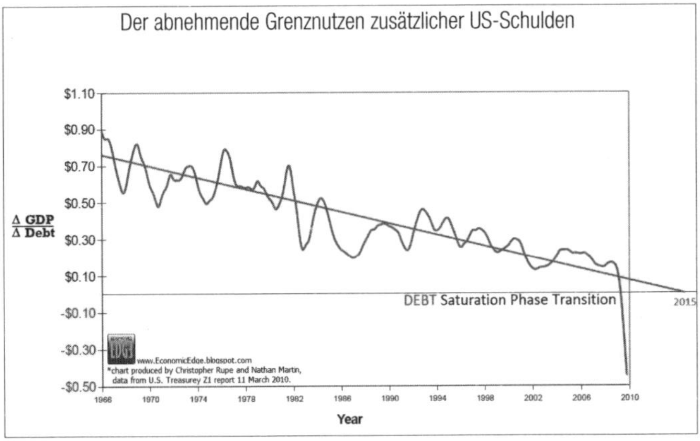

Haben wir wirklich das Ende des Wachstums erreicht?
Die Grafik zeigt das Verhältnis von BIP-Wachstum zu Schuldenwachstum seit 1966 in den USA. Mehr Schulden schaffen mehr Wachstum, diese Formel hat über viele Jahre gegolten und ist auch reichlich zur Anwendung gekommen. Doch irgendwann kommt der Zahltag. Die obige Grafik zeigt deutlich, wo wir heute stehen: Heute bringen mehr Schulden kein neues Wachstum mehr. Wachstum ist aber die Voraussetzung, dass die Staaten ihre Schuldenlasten abbauen können. Ist tatsächlich das Ende des auf Schulden gebauten Wachstums erreicht?

1.5 Die Schwelle zum Staatsbankrott liegt bei 90 % Schulden vom BIP

Wenn also mehr Staatsausgaben auf Schulden kein zusätzliches Wachstum mehr bewirken können, dann werden irgendwann auch die Zinsen für die vielen Schulden nur noch durch neue Schulden abgedeckt werden können. Das ist die Schwelle zum Staatsbankrott. In der viel beachteten Studie der beiden US-Princeton-Ökonomen Carmen M. Reinhart und Kenneth S. Rogoff aus 2010, »This time is different – Eight Centuries of financial Folly«, wurde klar bewiesen, dass bei langfristiger Beobachtung der Staatsfinanzen einzelner Länder dieser kritische Punkt bei einer Verschuldung von etwa 90 % des BIP erreicht ist.

Die 90-%-Staatsschulden-Schwelle:
Wer ist noch darunter, wer ist schon darüber?

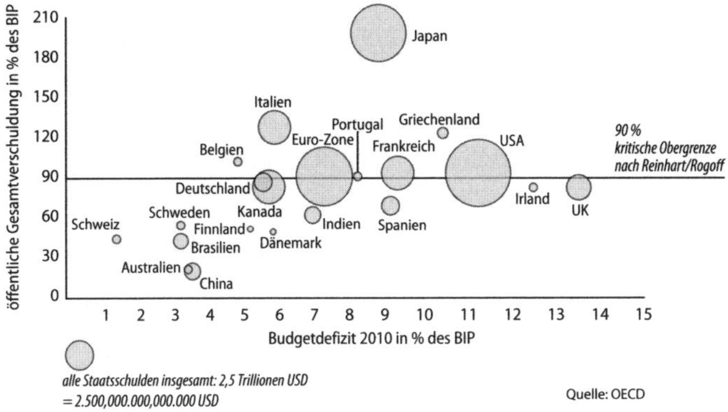

Was diese kritische Grenze von 90 % vom BIP für die Staatsverschuldung im Jahre 2010 konkret für eine ausgewählte Gruppe von Nationalstaaten bedeutet hat, zeigt obige Grafik: Auf der senkrechten Achse wird das Maß der Staatsverschuldung in Prozent des BIP dargestellt. In der Mitte ist bei 90 % Staatsverschuldung jene Achse aufgetragen, die von Reinhart/Rogoff als Grenzwert für die Aufrechterhaltung der Zahlungsfähigkeit der Staaten angenommen wurde. Wir können hier die einzelnen Staaten erkennen, die sich über oder unter dieser kritischen Linie befinden. Das riesige Japan schwebt mit seiner Verschuldung von 200 % des BIP praktisch ganz oben, über allen. Das kleine Griechenland lag 2010 noch bei geschätzten 120 %, ist aber mittlerweile 2011 schon über 150 % hinausgegangen. Es fällt aber auf, welch kleine Masse die griechischen Staatsschulden im Vergleich zu denen von Italien, Frankreich oder Spanien ausmachen. Grundsätzlich zeigt die Grafik, dass sehr viele Staaten noch deutlich unter der 90-%-Grenze liegen, dass aber die Länder der Euro-Zone generell ziemlich genau auf der Linie sitzen – oder knapp darüber wie die USA.

Einen nicht ungefährlichen Zukunftstrend zeigt die horizontale Achse: Das ist die Darstellung der jährlichen Budgetdefizite in % vom BIP. Und hier zeigt sich, dass 2010 nur wenige Staaten innerhalb der Idealgrenze von 3 % gelegen sind, wie sie auch der Maastricht-Vertrag definiert. Eine Mehrzahl der dargestellten Staaten liegen mit ihrer Neuverschuldung zwischen 3 und 7 %, Frankreich und Spanien zwischen 8 und 9 %, die Griechen eher bei 10 als bei 9 %. Noch schlechter als alle europäischen Staaten zusammen steht es um die Finanzen der USA mit mehr als 10 % Neuverschuldung 2010, die nur noch von Irland (12 %) und Großbritannien (13,5 %) übertroffen wird.

Die Chancen für die Haushaltssanierung stehen schlecht.
Das Ende der Defizite im US-Staatshaushalt ist aber sicher noch lange nicht erreicht. Die provisorische Einigung über ein neuerliches Hinaufsetzen der Verschuldungsgrenze von bisher 14 300 Milliarden Dollar auf höchstmögliche 16 400 Milliarden in zwei Etappen ist nichts anderes als ein neues »Quantitative Easing« – mit weiteren unabsehbaren Folgen. Mit dem sogenannten »Quantitative Easing« werden Schulden in neues Geld verwandelt. Es werden Schulden monetarisiert, indem die FED, die Federal Reserve, einfach die Staatsschulden der eigenen Regierung aufkauft. Die Banken kaufen US-Schatzscheine – und die werden dann von der FED als Sicherheiten für Auszahlungen an die Banken angenommen –, es wird neues Geld gedruckt für neue Schulden. Das US-Congressional Budget Office schätzt die Defizite für die nächsten 10 Jahre in einer vorsichtigen Prognose auf etwa 8400 Milliarden Dollar und rechnet bis 2035 mit einer Verschuldung im Ausmaß von 185 % des BIP. Es waren nicht zuletzt derartige Prognosen,

die bei den Ratingagenturen Zweifel an den US-Staatsfinanzen aufkommen ließen und erstmals seit Jahrzehnten auch am AAA-Status der US-Schatzscheine rüttelten.

1.6 Mehr Staatsschulden – mehr Geldmenge – mehr Inflation

Seit der Lehman-Pleite hat die FED die US-Geldmenge praktisch verdreifacht. Die vorhersehbaren neuen Defizite und zusätzlich ausgeweiteten Geldmengen werden vermutlich irgendwann an natürliche Grenzen stoßen. Die Staaten der Euro-Zone haben allerdings keinen Grund, auf die USA zu zeigen, denn auch die EZB hat seit 2008 die Geldmenge nach Schätzungen der Experten um etwa das 2,5-Fache ausgeweitet.

Mehr Staatsschulden führen aus finanztechnischen Gründen zur Ausweitung der Geldmenge – und die wiederum treibt die Inflationsraten in die Höhe. Zwei Ökonomen, Professor George T. McCandless Jr. von der Universität in Buenos Aires und Warren E. Weber von der Federal Reserve Bank of Minneapolis haben solche und ähnliche Zusammenhänge 1995 in einer Untersuchung unter dem Titel »Some Monetary Facts« veröffentlicht.

Für die nachfolgende Grafik, die übrigens auch in den EZB-Unterlagen für Schulen Verwendung findet, wurden Geldmengenwachstum und Inflation in 110 Staaten über einen Zeitraum von 1960 bis 1990 beobachtet. Die Häufung der Werte entlang einer sehr deutlich erkennbaren Achse mit einer Neigung von 45 Grad zeigt die direkte Korrelation auf: Je mehr die Geldmenge ausgeweitet wurde, umso höher ist die damit verbundene Inflation.

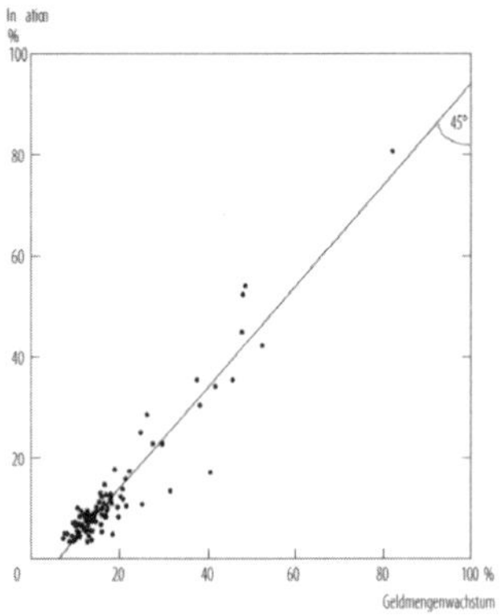

Durchschnittliche jährliche Wachstumsraten der Geldmenge M2 und der Verbraucherpreise im Zeitraum 1960–1990 in 110 Ländern.

Quelle: McCandless und Weber (1995)

Mehr Geldmenge – mehr Inflation

Das Motto 2011: Rette sich, wer kann!

Das Beispiel aus den USA kann auf andere Währungsräume wie Britisches Pfund, Euro oder Yen angewandt werden. Die Folge: Bei allen hoch verschuldeten Ländern beginnt ein skurriler Wettlauf – wer schafft es, seine Währung am meisten gegen die andere abzuwerten! Wer zusätzlich seine Schulden an Gläubiger in anderen Währungsräumen verkaufen kann, hat gewonnen. Die USA haben hier einen großen Vorsprung. Die neue Formel lautet also:

- Die negative Veränderung der privaten und staatlichen Schulden eines Landes entspricht der Leistungsbilanz. Oder anders ausgedrückt: Bei negativen Leistungsbilanzen steigen die Schulden.
- Nur wenn man mehr exportiert als importiert, kommt man aus der Schuldenfalle.
- Genau diese Erkenntnis wurde aber zuletzt auch bei der Debatte über die Schuldenkrise mehrerer EU-Länder in

Südeuropa – konkret vor allem das Budget- und Schuldenfiasko in Griechenland – übersehen.

- Die Schulden, die sich in Griechenland angehäuft haben, führten in der Leistungsbilanz anderer Staaten zu erheblichen Überschüssen. Und ein Großteil dieser griechischen Schulden schlägt etwa in den Leistungsbilanzen von Deutschland und Frankreich als Gewinn zu Buche.

1.7 Und wie sieht die Entwicklung der öffentlichen Schulden in Österreich aus?

Österreichs Verschuldung hatte im Jahr 2007 fast schon an der Maastricht-Grenze von 60 % des BIP gekratzt. Seit 2009 ist es dann aber rapide nach oben gegangen – sowohl mit der absoluten Höhe an Staatsschulden als auch mit der Verschuldung in Prozent des BIP.

Das Erreichen der angestrebten 60 %-Marke ist in nicht mehr absehbare Ferne gerückt. Die Gesamtverschuldung wurde bereits 2011 auf über 82 % geschätzt, wobei hier auch die ausgegliederten Schulden (z. B. für ÖBB und ASFINAG) mit eingerechnet wurden. Der kritische Verschuldensgrad eines Landes ist laut Reinhart/Rogoff »erst« bei einem Ausmaß von etwa 90 % vom BIP erreicht. Da hätte Österreich ja noch einen möglichen Spielraum – die österreichische Regierung sollte ihn nützen!

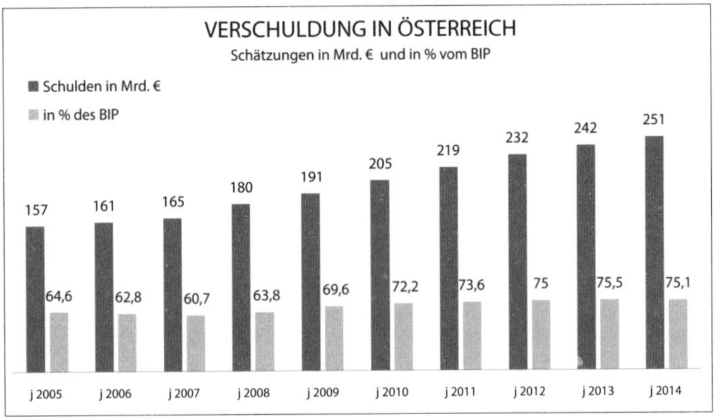

Quelle: IHS, WIFO.

Die obige Grafik zeigt eine ständige Steigerung bei den Staatsschulden in absoluten Milliardenzahlen. Österreichs Wirtschaft steht da noch immer besser da als manch andere Staaten – auch wenn das Verhältnis zwischen Schulden- und Wirtschaftswachstum deutlich auseinanderklafft.

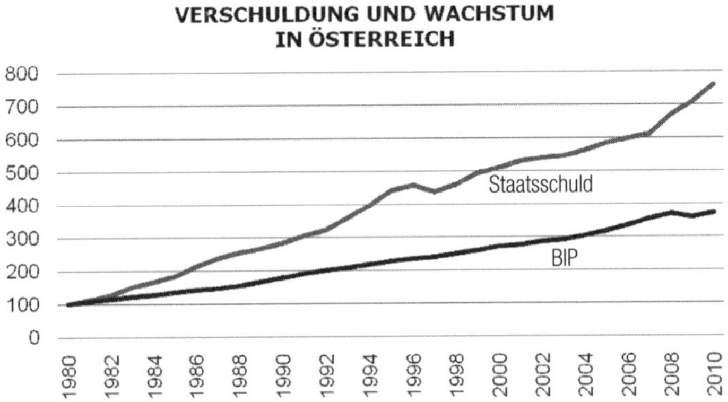

Quelle: Capital Bank.

Wir erkennen an dieser Grafik, dass sich auch in Österreich Staatsschulden und Wachstum in unterschiedlicher Geschwindigkeit entwickelt haben. Die Messzahlen auf der vertikalen Achse geben die Wertsteigerung in Prozent der Ausgangsgröße von 1980 an. Das heißt also, dass sich die Wirtschaftsleistung BIP von 1980 bis 2010 auf das 3,8-Fache, die Schulden im selben Zeitraum aber auf das 7,6-Fache gesteigert haben. Die Schulden sind also doppelt so stark gewachsen wie das Bruttoinlandsprodukt.

Die Auswege aus der Schuldenfalle

- herauswachsen aus der Krise durch hohes Wachstum
- drastische Ausgabenkürzungen
- Haushaltskonsolidierung strukturell
- massive Anhebung der Steuern
- Geldmenge ausweiten
- Inflationierung der Staatsschulden
- Währungsabwertung wie USA 1934 (Gold Reserve Act)
- Repression zusammen mit negativen Realzinsen
- Staatsbankrott
- Währungsreform

1.8 Die Auswege aus der Schuldenkrise sind immer schwierig – und schmerzhaft

- Der einfachste Weg für einen Staat, wie er neben seinen Zinszahlungen aus dem Budget auch die Schulden abdecken kann, wäre wohl ein kräftiges **Wachstum bei gleichzeitiger höchster Ausgabendisziplin**. Eine derartige Konstellation ist nur theoretisch zu sehen. Es fehlt an dauerhaften Hochkonjunkturphasen, die auch entsprechend hohe Steuereinnahmen liefern können. Die Anhebung der Steuern hat in der politischen Belastbarkeit der Wähler ihre Grenzen, und das gilt analog auch für drastische Kürzungen bei den Sozialtransfers oder den Förderungen für die Wirtschaftstreibenden und Bauern. Vor derart strengen Maßnahmen schreckt jede Regierung im Ernstfall zurück.

- Die gebräuchlichste Methode, wie ein Staat der Schuldenfalle zwar nicht entkommen, aber den Bankrott möglichst lange hinausschieben kann, ist die **Ausweitung bzw. Inflationierung der Geldmenge**, die praktisch eine Verdünnung des Geldwertes darstellt und in der Folge zu einer Zunahme der Verbraucherpreise im Lande führt. In der Fachsprache nennt man so etwas eine »Seignorage« – ein Eingriff höherer Gewalt oder auch: ein herrschaftlicher Akt. (franz. »le seigneur«, der Herr, Gott). So ein »göttlicher Akt« war eben im Mai 2010 auch der Beschluss der Europäischen Zentralbank, künftig nach US-Vorbild die notleidenden Staatsanleihen der EU-Pleitekandidaten aufzukaufen und damit frisches Geld auf Basis von Schulden zu drucken. Eine Inflationierung der Währung hilft immer dem Schuldner – und das gilt in höchstem Maße für den überschuldeten Staat. Dazu kommt, dass aufgrund der damit verbundenen Preissteigerungen für Lieferungen und Leistungen auf der Einnahmenseite die Steuern steigen. In einer Studie aus 2010 haben beispielsweise die US-Ökonomen Reinhart/Rogoff für den EU-Raum ab 2011 eine Inflation von 4 bis 6 % als durchaus angemessen bezeichnet, weil wirtschaftlich und politisch verträglich. Theoretisch ideal, so die Studie unter anderem, wäre eine 10%ige Inflation über 10 Jahre, denn das könnte im fiskalischen Effekt einen Abbau der Staatsschulden um mindestens 50 % herbeiführen.

- Besonders gefürchtet bei der Bevölkerung, weil ebenfalls sehr schmerzhaft, sind **Währungsabwertungen** in einem so dramatischen Ausmaß, wie sie auch Österreich in seiner leidvollen Geschichte seit den 30er-Jahren mehrmals erleben musste.
- Eher grausam wirken sich Maßnahmen aus, bei denen besonders die fleißigen und sparsamen Bürger unter die Räder kommen: beispielsweise wenn man ihre Guthaben auf den Sparbüchern über hohe Steuern, hohe Teuerungsraten und gleichzeitig niedrige oder sogar **negative Realzinsen** »ent-spart«. Solche Maßnahmen sind für den Staat doppelt positiv wirksam: Wenn die Guthaben der Sparer über die hohe Teuerung laufend weniger wert werden und sie obendrein auch keine echte Verzinsung als Abgeltung bekommen, dann werden die Konsumenten dazu gedrängt, ihre Gelder abzuheben und in den Konsum einzubringen – jedenfalls Dinge zu kaufen, bevor sie noch teurer werden könnten. Das kurbelt dann die Wirtschaft an und sorgt für Extra-Steuereinnahmen.
- Als bösartigste »Waffe« gegen die Überschuldung des Staates bleibt dem Staat immer noch der **Staatsbankrott**. Wenn ein Staat sich für zahlungsunfähig erklärt, dann müssen seine Gläubiger zur Kenntnis nehmen, dass sie ihr Geld nicht mehr zurückbekommen, das sie in Staatsanleihen investiert haben. Und wenn der Staat nicht zahlen kann, muss er sich das Geld bei den Sparern holen. Sie haften ja letztlich mit ihren Einlagen bei den Geldinstituten für die Verpflichtungen des Staates. Was das im Ernstfall bedeutet, das haben die Großeltern der heutigen Eltern-Generation im vorigen Jahrhundert gleich ein paar Mal erleben müssen!
- Wenn die Schuldenkrise nur ein einziges Land in die Währungskrise und in den Staatsbankrott geführt hat, dann hat zuallererst dieses Land große Probleme. Allenfalls könnte

es auch Schwierigkeiten für die Staaten geben, die dem Land zu lange und zu viele Kredite gewährt haben. Wenn aber viele Staaten oder überhaupt die gesamte Finanzwelt in eine Krise gerät, dann war es bisher noch immer Zeit für eine **Währungsreform**.

2. Die Währungskrise

Es waren fast immer Staatszusammenbrüche nach einem Krieg, die zu einer Währungsreform geführt haben. Nach dem internationalen Abkommen von Bretton Woods im Jahre 1944 und der darauf folgenden Gründung des Internationalen Währungsfonds – IWF (oder IMF für International Monetary Fund) und der Weltbank mussten in der Folge eine ganze Reihe von internationalen und regionalen Krisen bewältigt werden. Das galt auch für die Dollar-Krise 1971, als die USA nicht mehr in der Lage waren, den 1944 festgelegten Goldstandard des US-Dollar gegenüber dem Weltfinanzsystem weiter aufrechtzuerhalten. Ab 1973 ließen die Staaten Europas und Japan die Wechselkurse gegenüber dem Dollar frei schwanken. Es folgten eine Reihe von regionalen Währungskrisen, die jeweils unter Einschaltung von Währungsfonds und Weltbank bewältigt werden mussten:

- die lateinamerikanische Schuldenkrise von 1982/83,
- die Mexiko-Krise (auch Tequila-Krise genannt) von 1994/95,
- die südostasiatische Finanz- und Währungskrise (die Asienkrise) 1997 und
- die Brasilienkrise von 1999.

2.1 Die Währungsreform hin zum Euro

Diese Währungsreform hin zum Euro wurde erst mit der Schaffung der Europäischen Währungsunion und der Einführung des Euro in zunächst 12 EU-Staaten ab 2002 verwirklicht – und es war ein langer Weg bis dahin. Auf die Dollarkrise 1971 hatten die Staaten Europas 1972 mit dem »Europäischen Wechselkursverbund« reagiert, um das Bretton-Woods-System der fixen Wechselkurse wenigstens noch teilweise zu erhalten. Die Europa-Währungen sollten im Block gegen den Dollar floaten können und damit mehr Stärke ausspielen können. Nachdem das aber nicht funktionierte, wurde 1979 das Europäische Währungssystem EWS geschaffen, das für Stabilität in der EU sorgen sollte. Damals wurde der ECU (European Currency Unit) als Recheneinheit geschaffen – sozusagen als Vorläufer des Euro.

Nach Bewältigung der Pfundkrise, als George Soros und seine Zocker-Freunde massiv und erfolgreich gegen Großbritannien spekulierten und die altehrwürdige Bank of England in die Knie zwangen, legten die EU-Regierungen im Vertrag von Maastricht schließlich die Grundlage für die Einführung des Euro als Buchgeld ab 1999 und als Münz- und Papiergeld ab 2002.

Da es keine echten Einrichtungen und Sanktionen gab, die einzelnen Mitgliedsländer zur Einhaltung der Stabilitätsregeln für die Budget- und Schuldenpolitik im Vertrag von Maastricht zu zwingen, war diese Währungskonstruktion von Anfang an mit einem gefährlichen Makel behaftet. Es kam in der Folge immer mehr zur Aufweichung der staatlichen Finanzmoral und zur Schuldenkrise in einigen südeuropäischen Staaten. Griechenland, Portugal, Spanien und Italien, aber auch Irland sind von vornherein nie in der Lage gewesen, mit der Wirtschaftsdynamik der mittel- und nordeuropäischen Staaten

Schritt zu halten, wurden aber aus politischen Gründen in die Währungsunion integriert, die sich ab 2010 immer mehr zur Sanierungs- und Transferunion entwickeln sollte.

Die **Euro-Währungskrise**, als Folge der Schuldenkrise, hatte sich anhand einer Reihe von Frühindikatoren längst abgezeichnet. Aber Politiker hören nicht gern auf die Mahnungen der Experten und sie reden sich gerne auf Brüssel und auf Frankfurt heraus, wo die Zentralen der EU und der Währungsunion stehen.

Die **Frühindikatoren** für eine veritable Finanz- und Währungskrise hätten anhand der Entwicklungen in Griechenland, aber auch anderer Staaten in der Euro-Zone leicht erkannt werden können.

Die Frühindikatoren einer Währungskrise:

- Zunächst sind es anhaltende Defizite in der Leistungsbilanz – die Einfuhren steigen deutlich schneller als die Warenexporte und Dienstleistungseinnahmen (aus dem Tourismusverkehr).
- Starke Devisenzuflüsse in der Kapitalbilanz – die aufgetretenen Defizite müssen durch Auslandskredite abgedeckt werden.
- Ein Anwachsen der kurzfristigen Auslandsverbindlichkeiten – wer schon zu hoch verschuldet ist, bekommt Langfristkredite nur noch zu sehr hohen Sicherheitsaufschlägen und hohen Zinsen. Daher rettet man sich in Kurzfristanleihen, sodass jeweils mit den neuen Anleihen die bisherigen alten Anleihen zurückgezahlt werden können.
- Ein hohes Kreditwachstum im Lande sowie starke Preissteigerungen bei Vermögenswerten wie Immobilien und Aktien. Hohe Verschuldung des Staates schlägt in der Regel auch auf Unternehmen und Privathaushalte durch. Gleichzeitig entsteht Inflationsangst, die eine Flucht in Sachwerte auslöst. Die Immobilienblase in Spanien sowie die Kurshöhenflüge an den euro-

päischen Börsen nach 2003 und 2009 sind ebenfalls als deutliches Signal zu werten.

Die Krisensymptome, die sich auf dem Weg von der Schuldenkrise hin zur Währungskrise sehr deutlich manifestiert haben, stehen ebenfalls in den Ökonomie-Lehrbüchern. Sie wurden aber von den Politikern schlicht und einfach negiert.

Woran man eine Finanzkrise erkennt:

- Wenn das Geld knapp wird, dann müssen die Staaten immer kürzere Fristen für ihre Anleihen und Kredite wählen.
  Langfristanleihen werden zunehmend teurer, die Risikoaufschläge für Kurzfristkredite billiger. Das Ganze wird zum Pyramidenspiel ausgebaut, solange die internationalen Ratingagenturen das tolerieren und die Finanzmärkte nicht den Schwindel durchschauen.
- Ein verstärktes Begleichen von Auslandsverbindlichkeiten mit Fremdwährungen.
  Wenn im Inland nicht genug Anleihen abgesetzt werden können und auch die nationalen Banken überfordert sind, müssen zuerst die Devisenreserven abgebaut werden (und die Goldbestände) und dann Kredite in ausländischer Währung hereingenommen werden.
- Höhere Zinssätze für Kreditnehmer im Schuldnerland.
  Wenn die Banken eines Landes sich aufgrund der hohen Staatsverschuldung nur noch zu höheren Zinsen refinanzieren können, geben sie die höheren Zinsen auch an die eigenen Kunden im Lande weiter.
- Hohe Werteinbußen bei Aktien und Immobilien.
  Jede Immobilienblase platzt einmal, wenn die Einkommens- und Ertragssituation im Lande mit dem raschen Wachstum der Immobilienpreise nicht mehr mithalten kann. Wenn die Mieten zu

hoch steigen und das Wohnen zu teuer wird, stehen die Objekte leer, auch die Geschäftsräume.
Weil ein Großteil der Immobilien auf Kredit erbaut und angeschafft wurde, platzen die Kredite und die Objekte müssen zu Spottpreisen verkauft werden. Das gilt in etwa auch für den Börseneinbruch nach 2001 und ab Herbst 2009 – wobei die Kursverluste jeweils nur ganz kurz gedauert haben ...

2.2 Die Währungskrise beim Euro und beim US-Dollar – der Höhepunkt im Sommer 2011

Die Währungskrisen beim Euro, aber noch viel mehr und dringlicher beim US-Dollar haben sich im Juli 2011 dramatisch zugespitzt. Die USA war praktisch schon seit April des Jahres zahlungsunfähig, und Anfang August 2011 sollte der Zeitpunkt erreicht sein, zu dem die USA ihren Zahlungsverpflichtungen nicht mehr nachkommen hätte können: keine Leistungen für die sozial Schwachen, keine Gehälter für die Regierungsbeamten, keine Bedienung der Staatsschulden im Ausland. Ein Ausweg konnte nach erbitterten innenpolitischen Machtkämpfen zwischen Republikanern und Demokraten buchstäblich in letzter Minute gefunden werden. Die USA genehmigten sich eine Ausweitung ihrer Verschuldungsgrenze von 14300 Milliarden Dollar auf 16400 Milliarden und stellten einen Abbau der Schulden um 2400 Milliarden in den kommenden zehn Jahren in Aussicht, um die Finanzmärkte zu beruhigen. Eine Maßnahme, die nach Meinung der Experten keine Lösung der Probleme, sondern lediglich einen Freibrief zum »Weiterwursteln« darstellte.

In eine sehr kritische Situation war Ende Juli auch die Euro-Zone geraten. Das Euro-Mitglied Griechenland war praktisch zahlungsunfähig. Die europäischen Politspitzen und mit ihnen die Euro-Verantwortlichen sahen sich beim Versuch einer Rettung des Euro-Systems wohl in einer ähnlichen Situation, wie sie Homer in seinem griechischen Heldenepos über die Irrfahrten des Odysseus beschrieben hatte – nur dass man es hier mit einer echten griechischen Tragödie der Neuzeit zu tun hatte. Was man in vielen Konzepten und Meinungsäußerungen diskutiert und erstritten hat, glich letztlich der Fahrt des Odysseus zwischen den beiden Todesinseln Skylla und Caribdis. Beides war lebensgefährlich, und man musste sich instinktiv für die Annäherung an die Lösung entscheiden, die mit den geringeren Opfern verbunden war. So hatte ja auch Odysseus damals entschieden.

Skylla: Staatspleite für Griechenland und Euro-Flopp.

Eine Staatspleite für Griechenland mit dem zu erwartenden Domino-Effekt – der auch die übrigen finanzmaroden PIIGS-Staaten (neben Griechenland auch Portugal, Irland, Italien, Spanien) sofort in die akute Insolvenz gerissen und katastrophale finanz- und wirtschaftspolitische Folgen für die gesamte Euro-Zone und darüber hinaus gehabt hätte – wurde als die tödlichere der beiden Annäherungen von den Politikern propagiert.

In Wahrheit wäre diese Lösung vor allem für die Banken in Deutschland und Frankreich sehr teuer geworden. Eine mögliche europaweite Bankenkrise wurde dann auch in den meisten Äußerungen der Experten und Politiker als eine Art Super-GAU hingestellt, der über die dann notwendigen Banken-Rettungsprogramme viele bisher stabile Staaten in arge Schwierigkeiten gebracht hätte. In ihren maßlos übertriebenen Horrorvisionen sprachen manche Politiker sogar von einem möglichen Auseinanderbrechen des Euro und der EU.

Caribdis – eine Haftungs- und Transferunion.
Die Alternative war nicht weniger unbequem und ebenso gefährlich. Es galt, Solidarität zunächst mit Griechenland zu üben und damit den Weltfinanzmärkten zu zeigen, dass die Euroländer keines ihrer Mitglieder fallen lassen würden und dass es keinen Sinn macht, gegen einzelne notleidende Staaten zu spekulieren. Das war keine einfache Entscheidung, denn die Euro-Staaten hatten Griechenland schon im Mai 2010 eine Finanzhilfe von 110 Milliarden Euro gewährt. Es war allerdings schon damals klar, dass dies nur eine Fristerstreckung gewesen war, die man zum Nachdenken und Streiten innerhalb der Währungsunion brauchte. Griechenland würde schon in kürzester Frist neue und noch größere Schuldenhilfe brauchen, würde sich also über kurz oder lang in ein Fass ohne Boden verwandeln, in das die europäischen Steuerzahler in den folgenden Jahren immer mehr und mehr Geld schütten müssten. Hinter Griechenland türmten sich längst auch die drohenden Gewitterwolken über den Finanzen von Portugal, Spanien und Italien auf. Am 21. Juli, also knapp vor dem Eintritt der Katastrophe, konnten sich die Euro-Staatschefs auf eine Lösung einigen, die zwar in der Folge auch gewaltige Opfer erfordern würde, aber wenigstens für eine kurze Zeit eine weitere Atempause sicherstellen konnte. Die Währungsgemeinschaft wollte künftig die Bürgschaft und Haftung für alle Schulden der Euro-Wackelkandidaten übernehmen, die sich nicht an die Stabilitätsgrundsätze einer verantwortungsvollen Budgetpolitik gehalten hatten. Konkret: eine Haftungsunion mit Aussicht auf Entwicklung zur Zahlungs- und Transferunion. Aber wie gesagt: Opfer hatte auch die Mannschaft des Odysseus beim Vorbeifahren an der Todesinsel Caribdis bringen müssen. Ein Teil der Mannschaft ist auf der Strecke geblieben – aber die Überlebenden konnten weitersegeln!

Nur keine Sirenen-Lockgesänge.
Es gibt eine weitere Parallele zur historischen Vorlage: die Vorkehrungen, die der listige Odysseus getroffen hat, um nicht den Lockgesängen der Sirenen zu verfallen und seine Fahrt ungehindert fortsetzen zu können. Lockgesänge hatte es ja auch jede Menge von Euro-kritischen Finanzexperten – vor allem aus Deutschland – gegeben. Sie hatten vorgeschlagen, Griechenland in eine geordnete Insolvenz zu führen, dem Land zunächst durch einen sogenannten »hair-cut« einen Großteil seiner Staatsschulden zu erlassen und dann mit gezielten Hilfsmaßnahmen die Wirtschaftsstrukturen neu aufzubauen. Das sei vernünftiger und billiger, als auf unbestimmte Zeit, Geld in ein Fass ohne Boden zu schütten. Solange sich Griechenland der Geldflüsse aus den Euro-Töpfen sicher sein konnte, würde sich am lockeren Umgang mit Defiziten und Staatsschulden auch nichts ändern. Diese Sirenentöne haben aber schon mehr nach Warnsirene als nach Lockgesang geklungen. Aber wie hatte Odysseus sich und seine Mannschaft vor den Lockungen der Sirenen bewahrt? Er ließ seinen Männern die Ohren mit Wachs verstopfen, damit sie nichts hören konnten, und sich selber ließ er fest an den Mast binden, damit er nichts tun könnte. Ziemlich ähnlich haben es auch Europas Spitzenpolitiker gemacht: Sie ließen über die Medien so viele irreführende und unwahre Meinungen und Meldungen verbreiten, dass zwischen den Horrorbildern einerseits und den Beruhigungen andererseits die Wahrheit nicht mehr erkannt und gehört werden konnte. Und was haben die Politiker mit sich selber gemacht? Sie haben einander gegenseitig so lange in Diskussionen verwickelt, bis sie in ihrer Entscheidungsfähigkeit völlig gefesselt waren.

Die Euro-Hilfsaktion für Griechenland vom 21.7.2011.
Die Regierungschefs der 17 Euro-Staaten hatten an diesem Tag ein zweites großes Hilfspaket für Griechenland geschnürt: 109 Milliarden von den Euro-Staaten und 50 Milliarden extra von den privaten Gläubigern. Den Finanzexperten war klar, dass dieses 159-Milliarden-Paket nur eine Zwischenlösung sein konnte. Der Finanzbedarf Griechenlands wurde allein bis 2014 auf 170 Milliarden Euro geschätzt, und niemand rechnete ernsthaft damit, dass Griechenland seine Schulden je zur Gänze wird zurückzahlen können. Ein kräftiger Schuldenschnitt würde früher oder später fällig werden. Die Gemeinschaft der Euroländer hatte einfach Zeit gekauft.

Von der Währungs- zur Haftungs- und Transferunion.
Die EFSF (European Financial Stability Facility oder auch Europäischer Finanz-Stabilisierungs-Fonds) war durch den Beschluss der Euro-Regierungschefs nunmehr zu einem echten Europäischen Währungsfonds – als Gegenstück zum IWF/IMF, dem Internationalen Währungsfonds – geworden, der bei Schwierigkeiten in den Mitgliedsstaaten direkt intervenieren konnte. Die EFSF konnte direkt Staatsanleihen von Pleitekandidaten aufkaufen und diesen Staaten so günstigere Bedingungen für ihre Schulden sichern. Die direkte und indirekte Auswirkung dieser Änderung wurde in den Kommentaren der europäischen Finanzexperten in bitteren Worten als »Haftungsunion« bezeichnet. »Die Schulden eines einzelnen Landes werden nun im Notfall zu Schulden aller Länder – die Euro-Schulden werden damit vergemeinschaftet«, meinte etwa der Chef des Hamburger wirtschaftswissenschaftlichen Instituts, Thomas Straubhaar. Hart ins Gericht mit den Beschlüssen von Brüssel ging auch der Leiter des Münchner ifo-Institutes, Hans-Werner Sinn, der darauf hingewiesen hat,

dass nun gerade jene Länder belohnt würden, die schon bisher keine Haushaltsdisziplin gezeigt hatten. Sie könnten nun weiter in ihrem Schlendrian fortfahren und auch ihre bereits beschlossenen strengen Sparbeschlüsse vergessen. So wie Griechenland konnten sie sicher sein, dass die anderen Staaten haften und zahlen, wenn ihre Schulden übergroß geworden sind. Man habe nur Zeit gewonnen und den Euro-Konkurs hinausgeschoben – und werde künftig immer flott weiterzahlen müssen. Deshalb sei die Haftungsunion gleichzeitig auch eine Transfer- und Geschenkunion. Zahlen müssten, wie immer, die Bürger und Steuerzahler. Denn wenn die Bürgschaften und Haftungen fällig werden, werden schon längst andere Politiker an den Hebeln sitzen und sich auf die Vorgänger ausreden.

2.3 Wie funktioniert der Euro-Rettungsschirm?

Das gesamte Euro-Stabilitäts-Paket umfasst mehrere selbstständig agierende Mechanismen:

- Der **EFSM** – European Financial Stabilisation Mechanism – steht allen 27 EU-Staaten im Notfall zur Verfügung (zum Beispiel auch Ungarn) und verfügte zunächst bei seiner Gründung über eigene Mittel von etwa 60 Milliarden Euro, die später auf 80 Milliarden aufgestockt werden sollten. Der EFSM sollte auch die Funktionen des EFSF in sich aufnehmen und zur eigentlichen Finanzkrisen-Feuerwehr gemacht werden – also ein echter EWF (Europäischer Währungsfonds).
- Die **EFSF** – European Financial Stability Facility – ist 2010 sozusagen als das Kernstück des Stabilitäts-Pakets gegründet worden. Sie wurde mit reichlich Eigenständigkeit ausgestattet und kann sich bei Bedarf über die Ausgabe von

Schuldtiteln am Markt finanzieren – allerdings müssen die Euro-Mitgliedsstaaten die dafür notwendigen Garantien bereitstellen. Die Höhe dieser Garantien ergab sich aus dem ursprünglichen Rahmenabkommen. Insgesamt sah der Rahmenvertrag der Euroländer eine Summe von 780 Milliarden Euro vor, jedoch mussten Griechenland, Portugal und Irland sofort als Haftungsgeber ausscheiden, weil sie selbst in Finanzschwierigkeiten steckten. Von dem verbliebenen Betrag von 726 Milliarden musste dann noch eine 65%ige Überbesicherung der Garantien abgezogen werden, wonach dann nur noch netto 440 Milliarden als tatsächliche Haftungssumme übrig geblieben sind.
Im Juli 2011 wurden die Befugnisse des Fonds erweitert: Er durfte nun von sich aus in Notfällen intervenieren und notleidende Staatsanleihen aufkaufen, um Staaten mit zu hohen Staatsschulden zu helfen.

- Der **IMF** – International Monetary Fund (Weltwährungsfonds) hat für den europäischen Finanzierungsbedarf insgesamt maximal 250 Milliarden zugesagt.

Die EFSF-Milliarden stehen nur theoretisch auf dem Papier.
Die Garantien für die 440 Milliarden Euro wurden nach einem EFSF-Framework-Agreement aufgeteilt, also einem speziellen Rahmenabkommen zur Festlegung eines Verteilerschlüssels. Nach dieser Vereinbarung, beschlossen im März 2011, bringen

- Deutschland mit fast 120 Milliarden Euro (27 %),
- Frankreich mit 90 Milliarden (20 %) und
- Italien mit 80 Milliarden (18 %)

allein etwa zwei Drittel dieser Haftungssummen auf, sind also die echten Stützen des Systems, wobei allein die Stabilität Italiens und in weiterer Folge auch Frankreichs einige Zweifel an der tatsächlichen Krisenfestigkeit des Euro-Rettungssystems aufkommen lässt.

Und dann kommen noch die Korrekturposten.

Zunächst einmal wurde in die Gesamthaftungssumme von 440 Milliarden ein Risikopuffer von etwa 20% eingeplant. Vom ursprünglichen Haftungsrahmen des EFSF müssen aber nach Meinung der Finanzexperten auch die Verwaltungsgebühren und eine Risikomarge abgezogen werden. Dazu kommen noch Pflichtveranlagungen in AAA-Sicherheitspapiere zur Erhaltung der hohen Bonität des Fonds und notwendige Sachanlagen. Nach all diesen Abzügen blieben von den ursprünglich insgesamt 440 vereinbarten ESFS-Milliarden im Frühling 2011 geschätzte 250 Milliarden Euro übrig, die effektiv zur finanziellen Absicherung von europäischen Problemstaaten zur Verfügung stehen.

Die Schweizer Bank Wegelin & Co hat den realistischen Rettungsbedarf für die sogenannten PIIGS-Staaten in einer Analyse vom März 2011 auf rund 1000 Milliarden Euro geschätzt. Damit standen den 1000 Milliarden Euro Finanzierungs- und Sanierungsbedarf in den PIIGS-Staaten – mit insgesamt 2900 Milliarden Staatsschulden – etwa 250 Milliarden im ESFS-Fonds der EU zur Verfügung. Und woher und von wem sollte der Rest kommen? Damit war klar zu erkennen, dass es praktisch unmöglich sein dürfte, das Finanzierungsproblem der Euro-Staaten in den kommenden Jahren auch nur annähernd zu lösen. Da reichen auch die vereinigten Anstrengungen des früher zitierten EFSM, des EFSF und des IMF bei weitem nicht aus.

Wenn wir weiter davon ausgehen, dass die Staatsverschuldung aller Euroländer auf insgesamt 7000 Milliarden Euro geschätzt wird und dass möglicherweise bei unvorhergesehenen

Verschlechterungen in der Finanz- und Wirtschaftsentwicklung einige neue Kandidaten für dringende Finanzierungshilfen dazukommen, dann rückt auch ein »EU- und Euro-Super-GAU« in denkbare Nähe. Auch wenn die Politiker in Europa nicht müde werden, uns zu versichern, dass ein Euro-Zusammenbruch nicht Wirklichkeit werden kann, vermag das logisch und realistisch denkende Finanzanalysten kaum noch zu überzeugen. In der folgenden Grafik soll gezeigt werden, dass die anstehenden Probleme jedenfalls in ihrer weltweiten Wirkung um vieles größer sind als seinerzeit die Lehman-Pleite.

Einige Staatsbankrotts würden die Folgen der Lehman-Pleite weit übertreffen

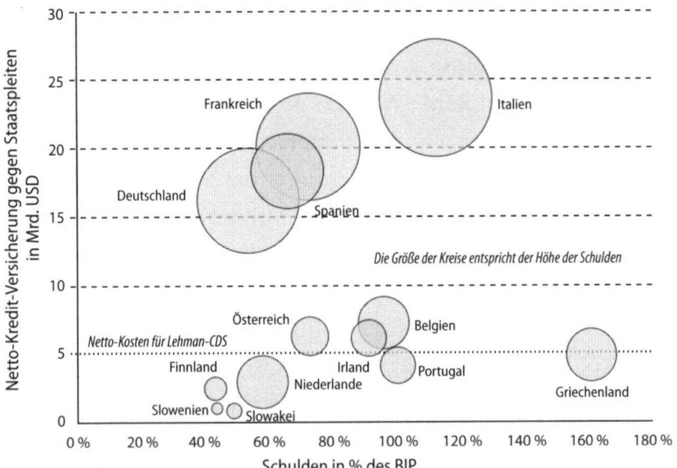

Quelle: DTCC & Bloomberg

Die obige Grafik zeigt sehr deutlich die Größenverhältnisse der Gesamtverschuldung in der Euro-Zone: Je größer der Kreis, umso höher die Gesamtverschuldung, wobei selbstverständlich größere Staaten mit größerer Bevölkerungszahl und höheren Budgetsummen auch entsprechend höhere Staatsschulden aufweisen.

Wir sehen hier, was ein Staatsbankrott des einzelnen Landes für die gesamte Gemeinschaft in seiner Auswirkung bedeuten würde – gemessen an der Höhe der ausstehenden Kreditausfallversicherungen (CDS), hier in Milliarden USD. Im Vergleich zu einem Bankrott von Italien, Frankreich, Spanien und – zumindest theoretisch – Deutschland, wären Schulden-Totalausfälle von Griechenland, Portugal und Irland vergleichsweise kleine Fische, wobei Griechenland, Belgien und die Niederlande knapp größere Brocken darstellen als etwa Österreich. Ganz minimale Risiken stellen in diesem Vergleich übrigens Finnland, Slowenien und die Slowakei dar.

Der Bürge als Zahler.

Was bedeutet aber die Überbrückungshilfe für einen Schuldner, der praktisch pleite ist – und bei dem diese Pleite auch bereits ziemlich offen zutage getreten ist? De facto läuft eine solche »Überbrückungshilfe«, von der man weiß, dass sie ebenso uneinbringlich ist wie die Original-Schulden des Landes, auf eine Schuldenübernahme hinaus.

Die Folgen sind klar. Die Euro-Mitgliedsländer werden die Beträge, für die sie im EFSF entsprechend ihrem Anteil nach dem Verteilungsschlüssel die Haftung übernommen haben, bei Zahlungsausfällen in barer Münze zu bezahlen haben – aus ihren ohnedies meist überbelasteten Budgets. Aus der freien Euro-Gemeinschaft ist eine Zwangsgemeinschaft geworden: Wenn der Euro als gemeinsame Währung weiterbestehen soll, dann müssen die Länder, die noch in der Lage sind ihre Beiträge zu zahlen, theoretisch so lange einzahlen, als einzelne Pleitestaaten Hilfe brauchen. Nur Ausgleichsmechanismen, wie sie auch in den USA bestehen, können auf Dauer das Überleben der Euro-Währungsunion sicherstellen.

Und praktisch – wenn man überhaupt so weit denken darf?

Praktisch könnte es passieren, dass die Staatsfinanzen auch in den bisher relativ »gesunden« Ländern durch die immer größer werdenden Belastungen zum Kippen gebracht und in eine Schuldenkrise gestürzt werden. Und praktisch ist auch davon auszugehen, dass die Staatsbürger der betroffenen Zahler-Staaten irgendwann die Belastungen nicht mehr tragen wollen und die Politik zum Stopp der Sanierungsbeiträge zwingen. Wenn nämlich die Verschuldungsgefahr durch die Sanierungsbeiträge zu groß wird, müssen einerseits die Steuerleistungen erhöht und andererseits die sozialen Transfers an die einkommensschwachen Bevölkerungsschichten gekürzt werden. Das ist eine Politmischung, die keine Regierung auf Dauer aushält. Der Unmut der Menschen, die nicht länger für die Disziplinlosigkeit der anderen Opfer bringen wollen, wäre absehbar. Zuerst sind ja nur die unzufriedenen Südeuropäer mit ihren Protesten auf die Straße gegangen – weil ihnen der Staat zu wenig geben konnte. Wehe, wenn auch die protestieren, denen der Staat zu viel nimmt! Aus dem Lüftchen der Unzufriedenheit könnte schon bald ein Sturm der Entrüstung werden.

Wenn der Staat nach dem Geld der Bürger greift.

Was würde passieren, wenn auch die Staaten, die bisher regelmäßig ihren Beitrag zur Hilfe für die Pleitestaaten geleistet haben, plötzlich selber an die Grenzen ihrer erlaubten Staatsverschuldung kämen? Im Normalfall müssten dann alle Möglichkeiten zur Sanierung des Staatshaushaltes über drastische Sparmaßnahmen und eine gleichzeitige Anhebung der Steuern ausgeschöpft werden. Das führt wohl zu Verbesserungen in der Abwicklung des Staatshaushaltes, aber noch viel eher zum Zusammenbruch der Konsumausgaben – insgesamt jedenfalls zu einem drastischen Konjunkturzusammenbruch und zu entsprechenden Mindereinnahmen bei den Steuern. Die Abwärtsspirale ist damit unweigerlich in Bewegung gesetzt.

Die Grenze der Verschuldung ist nicht zufällig in der Höhe der Finanzguthaben der Bevölkerung gegeben. Wenn der von den Garantieverpflichtungen in die Pleite gedrängte Staat also von seinen Gläubigerbanken gezwungen wird, die Schulden einzulösen, dann würde er nicht umhin können, auf die Guthaben der privaten Haushalte zurückzugreifen, also auf die Sparbücher und die Guthaben bei den Banken, die Wertpapierportfolios oder im Ernstfall sogar auf die Lebensversicherungen. Natürlich könnten diese Vermögensbestände nicht einfach konfisziert werden: Nein, sie würden nur »vorübergehend nicht in Anspruch genommen« werden können, also gesperrt sein. Wie die Geschichte lehrt, ist es sogar schon vorgekommen, dass auch die Goldbestände der Bürger zeitweise vom Staat »übernommen« wurden – zuletzt in den USA in den 30er-Jahren. In Ungarn hat es beispielsweise für die Inhaber von privaten Pensionsvorsorge-Verträgen plötzlich eine unangenehme Überraschung gegeben, als völlig überraschend übers Wochenende diese Guthaben vom Staat »kassiert« wurden. Für die vorübergehend gesperrten Guthaben würden die Inhaber der Guthaben immerhin Zertifikate ausgestellt bekommen, die den Vermögenstitel rechtlich absichern. Solches ist den Österreichern im vergangenen Jahrhundert gleich mehrmals passiert, und die Erfahrungen mit diesen Ereignissen sind nicht die allerbesten. Die Rückerstattung des vorher abkassierten Geldes ist jedenfalls nie zur Gänze erfolgt.

Eine Freigabe bzw. Rückzahlung der Vermögen könnte aber erst dann erfolgen, wenn die Staatsfinanzen saniert und die

Schulden wieder zu einem Gutteil abgetragen wären. Aber das würde dann vermutlich doch einige Zeit lang dauern.

Wenn die Hypotheken ihre Besitzer wechseln.

Wenn wir schon bei den Horrorszenarien sind, die hoffentlich nicht eintreten werden, dann sollte hier eine weitere mögliche Gefahr aufgezeigt werden. Wenn im Falle eines Staatsbankrotts auch die Banken eines Landes nicht durch staatliche Zuschüsse gerettet werden können, dann droht auch hier Ungemach, und zwar für die Hypothekenschuldner der Banken.

Wer ein Haus baut oder eine Eigentumswohnung kauft, muss dafür im Normalfall einen langfristigen Kredit bei seiner Bank oder der Bausparkasse aufnehmen, der dann auch hypothekarisch abgesichert wird. Was würde wohl passieren, wenn eines der Geldinstitute seine Verpflichtungen gegenüber den ausländischen Gläubigerbanken nicht mehr erfüllen könnte und staatliche Hilfe nicht möglich wäre? Die Bank oder Bausparkasse könnte theoretisch gezwungen werden, zur Aufbringung der eigenen Schulden die langfristigen Kredite fällig zu stellen. Das wäre natürlich kaum möglich, weil die privaten Schuldner der Wohnbaukredite nicht so viel Geld zur Verfügung haben. Also wäre es theoretisch denkmöglich, dass die Hypothek dann rechtlich in den Besitz einer ausländischen Bank übergeht. Konkret: Es könnte dann durchaus passieren, dass das Einfamilienhaus, für das man viele Jahre gespart und geschuftet hat, wegen der Hypotheken-Übernahme plötzlich einem indischen oder chinesischen Bankkonsortium gehört bzw. dass man die restlichen Darlehensraten einem russischen Oligarchen schuldet.

2.4 Wie realistisch ist ein Staatsbankrott einzelner Euro-Staaten?

Die Ängste der Menschen vor dem Zusammenbruch der Staatsfinanzen in Europa sind real – ob der Euro in der bisherigen Form und Stärke überleben kann, wird ebenfalls zu Recht bezweifelt. Allerdings darf angenommen werden, dass die verantwortlichen Politiker in der EU es nicht zum befürchteten Super-GAU kommen lassen.

Wenn sich herausstellt, dass die möglichen Garantie- und Hilfsmaßnahmen für die Pleitestaaten im Euroraum auf Dauer nicht ausreichen werden und eine fortwährende Belastung der »Sponsor-Staaten« nicht mehr zugemutet werden kann, ohne dass man auch die Staaten mit bisher noch gesunden Finanzen in die Schuldenkrise drängt, dann wird man sinnvollerweise vielleicht doch die Pleitestaaten in den Bankrott schicken – aber erst, nachdem vorher eine brauchbare Insolvenzordnung für Nationalstaaten geschaffen wurde.

Die Euro-Lenkungsgremien werden unter dem Zwang der Notsituation sicher schon vorher Maßnahmen setzen, um ein weiteres Abrutschen von EU-Staaten in die Schuldenmisere zu verhindern. Hier gibt es Pläne für eine straffere Planung und Kontrolle des einzelnen nationalen Budgetvollzugs in den EU-Staaten, wobei eine »zentrale EU-Wirtschaftsregierung in Brüssel« eher als Bedrohung denn als Weg zur Lösung der Probleme empfunden wird. Schließlich wäre das für viele Wirtschaftspolitiker mit liberalen Ansichten der Beginn eines Weges in die Planwirtschaft.

Tatsache ist jedoch, dass man um gewisse Schritte zur Harmonisierung von Steuern und Sozialleistungen oder einen Abbau der Differenzen in der Arbeitsproduktivität der einzelnen Staaten – sprich eine weitgehende Gleichschaltung der Löhne – nicht herumkommen wird.

Eines scheint absehbar zu sein: Auf Dauer wird eine Stützung der Pleitekandidaten und eine Garantie für ihre eklatanten Staatsschulden schon aus Gründen der wirtschaftlichen Machbarkeit nicht möglich sein. Dazu kommt, dass eine dauernde Belastung der Bevölkerung in den Sponsor-Staaten schon aus politischen Gründen nicht akzeptiert werden dürfte. Die Steuerzahler lassen sich viel gefallen – aber nicht alles!

Wird der Euro floppen?

Dass der Euro in seiner derzeitigen Form nicht auf Dauer überleben wird, darüber gibt es bei den meisten Finanzbeobachtern und Experten, zumindest jenen, die nicht in der Pflicht der Staatspolitiker, der Notenbank oder des Bankenapparats generell stehen, ein weitgehendes Einverständnis. Es ist, so heißt es, nicht eine Frage des *ob*, sondern vielmehr eine Frage des *wann* der Euro floppt und *wie*. Allerdings sei vorher noch der US-Dollar an der Reihe.

Auf der Suche nach einer neuen Weltreservewährung.

Angesichts der Schwächeerscheinungen beim US-Dollar, aber auch beim Euro, wurden von namhaften Wirtschaftspolitikern und Währungsexperten immer wieder Überlegungen geäußert, die auf einen geordneten Übergang zu einer neuen international anerkannten und stabilen Weltreservewährung hinweisen. Obwohl der US-Dollar noch immer 60 % der Weltdevisenreserven ausmache, habe er aufgrund der anhaltenden Null-Zins-Politik und der enormen Geldmengenausweitung seine Funktion als Wertaufbewahrungsmittel verloren. Vorschläge in dieser Richtung kamen beispielsweise auch von den Exponenten der Vereinten Nationen. Der Ex-IWF-Chef Dominique Strauss-Kahn hat kurz vor seinen »Sex-Problemen«, die in der Folge auch seine Absetzung ausgelöst haben, eine Ablöse des Dollar als Weltreservewährung gefordert, um künftige Krisen zu vermeiden. (Vielleicht hätte er das besser nicht tun sollen.) Er plädierte für die Verwendung der sogenannten »Sonderziehungsrechte«, wie sie auch beim Währungsfonds Verwendung finden. Selbst US-Finanzminister Timothy Geithner hatte sich schon zuvor in vorsichtigen Aussagen »für die chinesischen Vorschläge ziemlich offen« gezeigt, die darauf abzielten, »eine neue globale Reservewährung zu entwickeln.

Chinas Ambitionen, künftig eine wichtigere Rolle bei der Gestaltung des Weltwährungssystems zu spielen, wurden seit dem jüngsten 5-Jahres-Entwicklungsplan immer deutlicher. Ob der Yuan aber allein zu einer echten Weltleitwährung werden kann, wird von Experten stark bezweifelt. Immerhin hat auch China im Zuge des wirtschaftlichen Aufschwungs eine außerordentliche Ausweitung der Geldmenge zulassen müssen, was den inneren Wert der Währung schwächer erscheinen lässt. Zudem sind auch Chinas Finanzen durch eine mächtige Immobilienblase bedroht.

Im Endeffekt könnte nach Meinung mancher Experten dann doch die Einigung auf einen globalen Währungskorb, in dem auch der Euro Eingang finden muss, eine brauchbarere Lösung sein – zumindest als Übergang in eine ganz neue und gerechtere Geldordnung.

3. Die Finanzkrise: Als Bankenkrise hat alles begonnen

3.1 Finanzkrisen sind meist Bankkrisen

Mit großem Interesse wurde Mitte Juli 2011 den neuen Ergebnissen des zweiten Banken-Stresstests der Europäischen Bankenaufsicht, EBA, entgegengesehen. Zumindest in Österreich war man mit den – im Übrigen auch so erwarteten – Ergebnissen durchaus zufrieden. Nur eine der vier überprüften sogenannten Systembanken konnte den strengen Anforderungen im Bezug auf das Kern-Haftungskapital nicht entsprechen. Allerdings waren hier – im Falle der ÖVAG, der Österreichischen Volksbanken AG – noch knapp vor der Veröffentlichung der Stresstest-Ergebnisse Maßnahmen eingeleitet worden, die zu einer späteren Verbesserung der Kapitalausstattung führen sollten. Der Verkauf des ÖVAG-Ostgeschäftes an die russische Sberbank konnte aber nicht mehr berücksichtigt werden. Die Raiffeisen Bank International, die Erste-Bank-Group und die Bank Austria, als Teil der italienischen UniCredit Gruppe, hatten den Test glatt bestanden. Die von den Bankmanagern, der Österreichischen Nationalbank und der Bankenaufsicht veröffentlichten Stellungnahmen strotzten vor Zufriedenheit.

Insgesamt waren bei diesem Stresstest 91 Banken aus der EU-Zone und aus dem Nicht-EU-Land Norwegen untersucht worden. Getestet wurde in einem Simulationsverfahren, ob die Banken eine schwere wirtschaftliche Krise auch aus eigener Kraft und ohne Staatshilfe überstehen würden. Man war dabei von einem Einbruch des Wirtschaftswachstums in Europa von den bisher prognostizierten 3,3 % auf – 0,7 % über zwei Jahre ausgegangen.

Ein Zahlungsausfall Griechenlands oder anderer Euroländer und die dabei entstehenden gravierenden Probleme für das europäische Bankensystem wurden außer Acht gelassen, weil die Auswirkungen einfach nicht abschätzbar seien – so die Erklärung der EBA-Experten. Und genau das war letztlich auch der Hauptkritikpunkt an der Untersuchung.

Trotzdem haben von den 91 untersuchten Banken insgesamt 8 den Test nicht bestanden. In Spanien, wo 25 Banken in den Test mit einbezogen wurden, konnten gleich 5 Institute den Test nicht bestehen, und sie haben die Kernkapital-Vorgaben der EU hart kritisiert. Die EBA-Prüfer hatten eine Mindestquote von 5% Eigenkapital in Relation zum Geschäftsvolumen verlangt – diese konnte von den 3 positiv geprüften österreichischen Banken relativ locker dargestellt werden: Die Raiffeisen Bank International kam auf 7,8%, die Bank Austria auf rund 8% und die Erste Group sogar auf 8,1%. Geprüft wurden beim Stresstest in allen Ländern im Prinzip nur die »Systembanken«, die für die Aufrechterhaltung des Zahlungs- und Geschäftsverkehrs unbedingt erforderlich sind. Sie sollten daher in Zukunft ohne Staatshilfe in der Lage sein, eine Wirtschaftskrise aus eigener Kraft zu meistern. Und das konnten die drei größten österreichischen Bankkonzerne anscheinend beweisen – im Unterschied zu den Jahren nach der letzten Bankenkrise des Jahres 2008, nach dem Zusammenbruch des Investmenthauses Lehman Brothers.

3.2 Was der Banken-Stresstest in der Praxis bedeutet

Gesichert scheinen nach wie vor die Erkenntnisse zu sein, dass es in Zukunft ein deutlich höheres Kapitalerfordernis geben wird. Geschätzt wurde, dass im Sommer 2011 in Österreich mindestens 10 Milliarden Euro an Banken-Eigenkapital gefehlt haben – für ganz Europa sollen es zirka 250 Mrd. Euro sein.

Bleibt die Frage: Woher soll das Geld kommen? Für die Bankinstitute mit zusätzlichem Kapitalbedarf ist mit zusätzlichen Refinanzierungskosten zu rechnen. Soweit diese zusätzlichen Kosten aus Konkurrenzgründen nicht an die Kunden weitergegeben werden können, müssen diese Banken mit sinkenden Renditen im Geschäft rechnen. Konsequenterweise bedeutet das weniger Gewinne in den Bilanzen; und nach Veröffentlichung der Ergebnisse, bzw. schon vorher bei Gewinnwarnungen, werden die Aktienkurse sinken.

Als eindrucksvolles Beispiel nennt Mag. Veyder-Malberg von der Capital Bank die Kapitalerhöhung bei der deutschen Commerzbank AG um stolze 10 Mrd. Euro. Vor Bekanntgabe der Kapitalerhöhung ist der Kurs der Aktie bei 6 Euro gelegen, nachher waren es nur noch 3 Euro (und zwar 2,18 Euro für »junge« Aktien + 0,82 Euro für die Bezugsrechte). Für Schnäppchen-suchende Anleger heißt das konkret: Schon demnächst könnten einige Bankenaktien in Deutschland und Österreich, aber auch im restlichen Euroraum deutlich billiger werden. Man muss nur Geduld haben und warten können. Es gibt einen weiteren Aspekt, der für die Verbilligung von Bankenaktien, aber auch für Bankenanleihen spricht:

Es geht um die Liquiditätsdeckungsrate in den Bankbilanzen, also die Ratio von Ausleihungen bei den Banken zu den Bankeinlagen. Künftig dürfen Banken nicht mehr wie bisher sogenannte »Senior-Bonds« kaufen, also Bankenanleihen, die nicht hypothekarisch gesichert sind. Weil Banken und Versicherungen als die bisherigen Käufer wegfallen, werden die Zinsen für Bankenanleihen anziehen müssen, um sie auf dem Markt unterzubringen.

Das österreichische 100-Milliarden-Banken-Rettungspaket. Als nach der Pleite der US-Bank Lehman Brothers im Herbst 2008 eine Finanzkrise ausbrach, die eigentlich eine Bankenkrise war, haben die Regierungen auch in Europa viel Geld in die Hand genommen, um die Banken vor einer Pleite zu retten und damit auch die Einlagen der Sparer zu sichern. Die Sparer waren erleichtert, dass ihre Einlagen jetzt wieder sicher waren – nur haben vermutlich die wenigsten begriffen, dass es eigentlich ihr eigenes Geld war, mit dem die Regierungen diese ihre Sparbücher abgesichert hatten.

3.3 Basel II und Basel III benachteiligen seriöse österreichische Banken

Eines der Hauptargumente für das 100-Milliarden-Bankenrettungspaket der österreichischen Bundesregierung war die Sorge, dass der heimische Bankenapparat bei nicht ausreichender Eigenkapitalbasis und Liquiditätsversorgung zu wenig Kredite an die Klein- und Mittelbetriebe vergeben könnte. Ob es tatsächlich in Österreich zu einer Kreditklemme gekommen ist, wird in Bankkreisen verneint, trotz immer wieder auftauchender Klagen aus dem Kleinunternehmerbereich. Hier dürften eher die strengeren Vergaberichtlinien maßgeblich gewesen sein, die den österreichischen Kreditinstituten über die sogenannten Basel-II-Richtlinien auferlegt wurden. Diese Tendenz wurde dann durch die geplanten Bestimmungen in den nachfolgenden Basel-III-Richtlinien verstärkt, die den Banken die Bedingungen für Länderkredite erleichterte, die Sicherheitskapital-Richtlinien bei Unternehmenskrediten aber weiter verschlechterten. Anstatt sich hier gegen die vor allem aus den USA kommenden Vorschriften in den Verhandlungen zu wehren, haben einige österreichische Politiker nur geklagt, dass die Banken zu wenig Kredite an die klein- und mittelständischen Unternehmen vergeben würden – die Banken hätten eine Kreditklemme verursacht, hieß es immer wieder. In Wahrheit, so die beschimpften Bankmanager, hätte es zumindest keine quantitativen, sondern nur qualitative Kreditbeschränkungen gegeben. Vorstandsdirektor Thomas Uher von der Erste-Bank meinte dazu in einer Podiumsdiskussion Ende Juni 2011, dass »diejenigen, denen man gerne einen Kredit verkaufen würde, leider keinen Kredit brauchen und auch nicht wollen«. Andererseits müsse man viele Kreditanträge zurückweisen, weil die Kleinunternehmer einfach nicht ausreichend gute Sicherheiten für die Kredite anbieten können.« Als dann im Mai 2011 einem der österreichischen Großbankenmanager der Kragen platzte und er die heimischen Politiker pauschal als »zu dumm und zu feige« beschimpfte, da löste das einen wahren Sturm der Entrüstung bei den so titulierten Betroffenen aus. Was hatte der Chef der Sparkassen-Gruppe kritisiert? Die Banken, so der Vorwurf, würden durch unsinnige Bestimmungen – wie sie etwa in den Regulativen von Basel III festgelegt wurden – daran gehindert, den Unternehmungen günstige Kredite zu geben, während es gleichzeitig möglich war, ohne Beschränkungen Staatsanleihen von praktisch bankrotten EU-Ländern wie Griechenland zu kaufen. Gerade hier liegt die große Ungerechtigkeit gegenüber den österreichischen Bankinstituten, die im Gegensatz zu den großen anglo-amerikanischen Banken noch ein echtes Universalbankgeschäft betreiben.

Im Gegensatz zu österreichischen Banken arbeiten angloamerikanische Investmentbanken praktisch ausschließlich mit Fremdkapital von Investoren, das ihnen gar nicht gehört und das exklusiv dazu dient, an den Börsen Geld zu verdienen. Sie übernehmen keine Spargeldeinlagen und betreiben kein Kreditgeschäft zum Wohle der produktiven Wirtschaft. Österreichische Universalbanken dagegen setzen das Geld ihrer Sparer und Einleger fast ausschließlich für die Kreditvergabe an die Wirtschaft ein und können mit den verbleibenden Eigenkapitalmitteln nur sehr beschränkt an den Kapitalmärkten spekulieren.

3.4 Die Banken zahlen jetzt – die EU-Bürger zahlen später (mehr)

Mit dem neuen, zweiten EU-Griechenland-Hilfspaket über 159 Milliarden Euro, sei das Land für die nächsten mindestens zehn Jahre vor dem Staatsbankrott gerettet und der Konkurs um Jahre hinausgeschoben worden, hieß es als Reaktion in österreichischen Finanzkreisen. Und solange der nicht offiziell eintritt, haben auch die einzelnen EU-Staaten und mit ihnen ihre Steuerzahler noch nichts verloren. Vermutlich tun sich die Politiker auch deshalb immer so leicht mit ihren Kreditzusagen und -garantien, weil die Schäden für die EU-Staaten erst später auftreten – wenn die Garantien und Bürgschaften schlagend werden. Der Bank-Austria-Chefökonom Dr. Stefan Bruckbauer wies damals darauf hin, dass die Banken und Versicherungen die ersten seien, die tatsächlich eingetretene Verluste einstecken müssten – eben durch den Umtausch ihrer Staatsanleihen bei abgewerteten Kursen. Die Verluste aus möglichen Zahlungsausfällen von maroden Staaten wie Griechenland, Irland und Portugal würden vermutlich deutlich höher ausfallen, wenn auch ein paar Jahre später. Ein später doch noch notwendiger Schuldenschnitt (»hair-cut«), von dem auch andere Wackel-Staaten betroffen sein könnten, würde später noch einmal sehr teuer werden. Die europäischen Banken haben – wenn auch nicht ganz freiwillig – sicher mit gewissen Hintergedanken schon im Sommer 2011 gezahlt und ihren Beitrag zur »Rettung« Griechenlands geleistet. Aber wie bereits gesagt: Die Banken zahlen gleich, die Steuerzahler in Europa später – und sicher mehr!

IV. Die Gegenstrategien

1. Neues Denken: Der Paradigmen-Wechsel

1.1 Rendite und Risiko

Die Aufgaben für die Finanzberater sind seit Beginn der Finanzkrise komplizierter geworden: Sie müssen den Sparern und Anlegern klarmachen, dass nun eine Zeit auf sie zukommen wird, in der es mit einiger Sicherheit zu mehr oder weniger großen Verlusten bei ihren Einlagen und Investitionen kommen könnte. Sie müssen den Kunden aber auch sagen, dass diese Zeit der Krise nur eine Übergangszeit sein wird und dass sie jetzt schon an die Zeit nach der Krise denken sollten. In Wahrheit müsste der Lösungsansatz lauten:

Möglichst wenig Verlust – statt möglichst viel Gewinn.

- Es geht nicht darum, ob ich derzeit 2,5 oder 3,5 % Zinsen als Ertrag haben kann.
- Es geht vielmehr darum, ob ich in der kommenden Währungs-, Finanz- oder Wirtschaftskrise lieber nur 10 bis 15 % verliere statt 30 bis 50 %.
- Dann muss mein Vermögen nämlich nachher in der Aufschwung-Phase nicht so viel an Wert-Prozenten aufholen, um wieder an den Ausgangspunkt und darüber hinaus zu kommen.

1.2 Wer Sicherheit will, darf vor Unsicherheit keine Angst haben

Vergessen Sie die Erfahrungen der letzten 30 Jahre – sie gelten nicht mehr! Was uns bisher in der Geldanlage als sicher gegolten hat, bringt zwar immer noch Zinsen, aber es sind Zinsen und Renditen, die das eigentliche Risiko nicht mehr abdecken. Die Sicherheitspyramide steht Kopf. Das gilt vor allen Dingen für die Finanzstabilität der EU-Staaten und die Sicherheit der von diesen Staaten ausgegebenen Staatsanleihen. Aber wie kann man die verlorene Sicherheit bei Staatsanleihen durch risikogerechte Renditen ausgleichen? Es geht einfach darum, die vermeintliche Sicherheit in Geldwerten – also etwa den nicht mehr so sicheren Staatsanleihen – in langfristig gestreute Unsicherheiten zu verwandeln, also umzuwechseln. Das Ziel ist die Erhaltung der realen Kaufkraft und nicht der nominellen Geldwerte.

Dazu ein Beispiel: Nehmen wir an, wir wollten mit unserem Geld eine sichere Rendite von 2,5 % erzielen. Die 2,5 % wurden hier übrigens rein willkürlich für das Rechenbeispiel genommen, damit es sich leichter rechnet. Was ist besser oder sicherer: 100 % des Geldes in einer 2,5 % p. a. Staatsanleihe oder nur 12 % des Geldes in einer 10-%-Hochzinsanleihe? Wo kann man mehr verlieren? Es gibt zwei mögliche Szenarien:

Das Renditen- und Risiken-Splitting.

1. Wir könnten einmal das ganze Geld zu 100 % in deutsche Staatsanleihen mit einer Rendite von 2,5 % anlegen. Das klingt gut und sicher. Aber könnten nicht auch Deutschlands Staatsanleihen wackeln?

2. Wir könnten 12 % des gesamten Geldes in Risikopapiere mit 10 % Rendite veranlagen, wobei uns bewusst ist, dass wir hier nicht nur die Zinsen, sondern auch viel Kapital verlieren könnten. Aber immerhin würde das, wenn alles gut geht, 1,2 % Zinsen bringen, bezogen auf das gesamte Anlagevermögen. Die restlichen 88 % des Geldes könnten wir dann zum Ausgleich auf ein Sparbuch legen, zu 1,5 % Zinsen. Das ergibt dann einen Zinsertrag von durchschnittlich 1,3 %, bezogen auf das Gesamtvermögen.
3. Zusammen bringen die beiden so grundverschiedenen Veranlagungen also 1,2 % + 1,3 % = 2,5 % Zinsertrag.
   Auch dann, wenn im Krisenfall die Hochrisikopapiere ausfallen, können wir beim Sparbuch, wenn nichts passiert, noch immer mit einem sicheren Ertrag von 1,3 % rechnen.

Ist aber der Ertrag bei der Veranlagung in deutsche Staatsanleihen beim ersten Szenario wirklich sicher? Deckt die Rendite wirklich das vorhandene Risiko? Wir können es nicht wissen und nicht mit Sicherheit sagen. Ohne Kommentar sei aber hier ein Satz aus einer Rede der deutschen Kanzlerin Angela Merkel vom Jänner 2009 zitiert: »Es gibt das Gerücht, dass Staaten nicht pleite gehen können. Dieses Zitat stimmt nicht …« Sie hat damals wahrscheinlich nicht Deutschland gemeint. Dass die Veranlagung in die Risikopapiere beim zweiten Szenario nicht ganz sicher ist, das drückt sich in der hohen Rendite von 10 % aus.

Aber auch das Sparbuchguthaben zu 1,5 % ist vielleicht gar nicht so sicher, wie es derzeit noch scheint. So wie bei den Staatsanleihen kann auch hier etwas passieren, wenn aus wirtschaftlichen Gründen die Staatshaftung von 100 000 Euro pro Sparbuch fallen muss.

Was also tun? Wir können, wenn wir uns sicherer fühlen

wollen, diese 88 % des Geldes noch weiter aufteilen. Und das müssen durchaus keine niedrig verzinsten, sicheren Anlagen sein. Dabei sollte der Grundsatz gelten: statt renditeloser, unbekannter Risiken lieber bekannte höhere Risiken, aber auch mit höherer Rendite!

Das Verhältnis von Risiko : Sicherheit : Investition : Rendite.

- Wer in Papiere investiert, die als ziemlich sicher gelten, wird sich mit einer niedrigeren Rendite zufriedengeben müssen. Wenn das Risiko wirklich nicht schlagend wird, ist der Gewinn entsprechend klein – der Verlust andernfalls sehr groß.
- Wer in Papiere investiert, die als ziemlich riskant gelten, wird dafür eine höhere Rendite verlangen können. Sollte das Risiko – wider Erwarten – nicht eintreten, ist der Gewinn sehr groß.
- Eine Investition ist billig, wenn der Eintritt des Risikos ziemlich sicher scheint. Man muss bei gleicher Rendite weniger investieren.
- Eine Investition ist teuer, wenn der Eintritt des Risikos unsicher ist bzw. wir in ein angeblich sicheres Investment einsteigen. Wir müssen dann mehr investieren bei auch nur gleicher Rendite.
- Es gilt der Grundsatz: Wer Sicherheit für seine Rendite will, darf vor Unsicherheiten beim Risiko keine Angst haben.

1.3 Bewertung von Risiko: Ratings oder ein Markt, der von Spekulanten bestimmt wird

Käufer für Staatsanleihen zu finden, ist seit der Staatspleite von Griechenland und den Stabilitätszweifeln bezüglich Portugal,

Spanien und Italien nicht mehr ganz leicht. Wer will schließlich schon gerne Gläubiger für die Staatsschulden von Pleitekandidaten werden?

Wer ist schuld, wenn der Markt plötzlich das Risiko einer Staatspleite in höheren Risikoprämien (Spreads) bezahlt haben will – wirklich nur die bösen Ratingagenturen und die Spekulanten? Glaubt jemand im Ernst, dass eine eigene europäische Ratingagentur bei genauer Prüfung der Marktlage zu anderen Ergebnissen kommen würde als die bisher als Monopolisten tätigen US-Agenturen? Wenn man den US-Agenturen etwas vorwerfen will, dann ist das die willfährige Haltung gegenüber der US-Politik und den US-Finanzen. Die Ratings für die US-Schuldtitel hätte man längst genauso abwerten müssen wie die für einige marode EU-Staaten.

Die Politiker können sich jedenfalls sicher sein, dass sich der Volkszorn nicht gegen sie, sondern gegen die bösen Spekulanten und Ratingagenturen richtet, wenn es um die aufgetretenen Probleme geht. Was sie selber angerichtet haben, schieben sie nun einfach den Spekulanten in die Schuhe, egal, wer immer damit gemeint sein soll …

Sind die Zocker wirklich schuld?

»Spekulanten werden nur gehasst, weil sie die Wahrheit sagen«, erklärte im Frühjahr 2010 der deutsche Volkswirt Hans-Peter Burghof in einem Aufsatz im »Spiegel«. Und weiter: »Die Zocker versuchen die Welt zu sehen, wie sie ist, und nicht, wie wir sie gerne sehen würden. Doch das mögen wir nicht, und darum zeigen wir mit den Fingern auf sie. Denn sonst könnte irgendjemand auf die Idee kommen, dass die Politiker selbst an diesem Schlamassel schuld sind.«

Dieser Meinung ist auch der Schweizer Volkswirt Professor Kugler: »Die Marktkräfte sind nicht die Verursacher der Probleme, sondern die Rauchmelder. Sie zeigen auf, wo Feuer ist. Sie sind nicht die Ursache der Krankheit, an der die EU leidet, sondern das Symptom. Gesund wird die EU nur dann, wenn sie ihre Fiskalpolitik ändert, und nicht, wenn sie das Thermometer zerschlägt, das das Fieber anzeigt«.

Das Fieberthermometer zerschlagen, wenn es Fieber anzeigt?

Und wie heißt es weiter, in einem Aufsatz im Schweizer »Tages-Anzeiger« vom 11. Mai 2010: »Was wäre denn passiert, wenn die Märkte nicht auf die Haushaltsprobleme von Schuldenstaaten wie Griechenland reagiert hätten? Aller Wahrscheinlichkeit nach – gar nichts! Die Regierung in Athen hätte weiter über ihre Verhältnisse gelebt. Und die reicheren EU-Länder hätten weiter weggeschaut. So wie sie es schon bisher getan haben und die Schummeleien Griechenlands zur Umgehung der Maastricht-Kriterien akzeptierten. Nicht zuletzt, weil die Spekulanten die hässliche Wirklichkeit ans Tageslicht gezerrt haben, wird das künftig anders sein. Sicher, auch ohne die Märkte wäre Griechenland in die Schuldenfalle getappt. Wohl Monate oder Jahre später zwar. Aber dann wäre es allenfalls zu spät gewesen, um einen Rettungsschirm aufzuspannen. Die Zocker haben die Regierungen gezwungen, ihre Hausaufgaben zu machen – das ist denen ein Dorn im Auge, und vielleicht wollen sie auch deshalb der Spekulation das Handwerk legen …«

1.4 Staatliche Zwangsanleihen als Finanzierungsausweg?

Noch kaufen die Anleger in Deutschland und in Österreich die heimischen Staatsanleihen freiwillig. Doch kurz nach der Lehman-Pleite im Dezember 2008, just als alle Welt freiwillig in Staatsanleihen flüchtete, kam in Deutschland von Seiten der SPD und der Metallergewerkschaft folgende Forderung auf: Vermögende Privathaushalte sollten zu einer Anleihe in Höhe von 2 % auf alle Geld- und Immobilienvermögen über 750 000 Euro gezwungen werden. Diese solle zweimal erhoben, und mit dem EZB-Zinssatz von damals 2,5 % verzinst werden. Wäre diese Forderung ernst genommen worden, hätte nicht Griechenland, sondern Deutschland als erster Euro-Staat ein Problem mit der Refinanzierung seiner Staatsdefizite gehabt. Denn die 80 Mrd. Euro Defizit, die allein 2009 entstanden sind, hätte niemand mehr freiwillig abgedeckt. Dass es in Österreich bereits Anfang Juni 2010 Bestrebungen gegeben hat, den österreichischen Geldanlegern österreichische Staatsanleihen »schmackhaft« zu machen, sprich »anzudrehen«, mag als erstes Alarmzeichen in dieser Richtung gesehen werden.

Ein Déjà-vu-Erlebnis?

Deutschland hat mit solchen Aktionen schon Erfahrung. 1922 wurde eine dreijährige Zwangsanleihe eingeführt. Die anschließende Hyperinflation vernichtete aber den Tilgungswert der Anleihen auf den Null-Stand. Die österreichische Bevölkerung machte in den Jahren nach dem Ersten Weltkrieg und zwischen 1945 bis 1947 ähnliche Erfahrungen. Auch Griechenland musste schon einmal kreativ werden, um die Staatsschulden zu finanzieren. Im Jahr 1922 mussten die Banknoten in der Mitte zerschnitten werden. Die rechte Hälfte blieb Zahlungsmittel (zum halben Wert, womit die Geldmenge halbiert wurde, denn die Inflation sollte gleichzeitig bekämpft werden) und die linke Hälfte musste zwangsweise gegen Staatsanleihen eingetauscht werden.

Was sich »bewährt« hat, wird man gerne wiederholen.
Ist das alles »Schnee von gestern«? Der US-Bundesstaat Kalifornien erhob im November 2009 zur Bekämpfung akuten Geldmangels eine Zwangsanleihe von 10 % auf alle in seinem Hoheitsgebiet erwirtschafteten Einkommen, welche im April 2010 zinslos zurückerstattet wurden. Nach Kalifornien war Minnesota dran mit seiner Pleite.

2. Neue Konzepte: Sicherheit und Risiko neu bewerten

2.1 Es gibt keine absolute Sicherheit

Was ist schon Sicherheit? Sicherheit ist ein subjektives Gefühl, dass uns nichts Böses passieren kann und dass wir geschützt sind vor dem, was wir fürchten. Aber wie sicher ist es, dass wir uns sicher fühlen können – dass unsere Sicherheit auch durch Gewissheit begründet ist? Der subjektiven Gewissheit des Glaubens steht die objektive Gewissheit des Wissens gegenüber. »Glauben heißt nichts wissen«, heißt es im Volksmund. Eine absolute Gewissheit gibt es nur für Ereignisse, die bereits eingetreten sind; was in der Zukunft liegt, unterliegt grundsätzlich einer gewissen Wahrscheinlichkeit.

Sicher ist nur die Unsicherheit.

Einen sehr wesentlichen Beitrag zur Definition von Sicherheit bzw. Unsicherheit hat der österreichische Philosoph Ludwig Wittgenstein mit seinem letzten Werk »on certainty« (»Über Gewissheit«) aus dem Jahre 1951 geleistet, in dem er sich mit den Skeptikern auseinandersetzte. Ludwig Wittgenstein warnt vor rein sprachlichen Unsicherheiten, »die die Menschen sich nur einreden«, und verweist auf das tatsächliche Handeln in Unsicherheit als Maxime. Schließlich kann sich auch niemand der Unsicherheit sicher sein.

Sicherheit im mathematischen Sinne wird definiert über Wahrscheinlichkeit, Stochastik und Statistik, Logik und Informatik. Die formale Beweisbarkeit von Aussagen bleibt oft strittig. Es werden gefälschte und uminterpretierte Statistiken verwendet und es passieren Fehler in der Aussage mit politischer Absicht.

Was nicht wissenschaftlich bewiesen werden kann, muss nicht falsch sein. Die wissenschaftliche Methode ist einfach noch nicht weit genug entwickelt, um die Gewissheit und Korrektheit nachzuvollziehen. Das legt auch einen Abschied von der Wissenschaftsgläubigkeit nahe.

Alles ist Spekulation.

- Grundsätzlich ist jede Aussage über die Zukunft Spekulation. Wir können als Menschen nicht wissen, was in der Zukunft geschehen wird.
- Also handeln wir in Unsicherheit, wenn wir eine Entscheidung für die Zukunft treffen.
- Wenn wir dann eine Entscheidung treffen, dann ist das immer auch eine Aussage über die Zukunft – eine spekulative Aussage darüber, was wir von der Zukunft erwarten.

- Wir schaffen Sicherheit dadurch, dass wir im Vertrauen in uns selbst eine aus mehreren Unsicherheiten als sicher annehmen.
- Wenn also jede Anlage Spekulation ist, dann ist danach zu trachten, die Unsicherheit mit guten Renditen gegen die zu erwartenden Ausfälle abzusichern. Ohne Absicherung kann Sie ein unerwarteter Verlust hart treffen.

2.2 Das unerwartete Ereignis – »Der schwarze Schwan«

Gegen Ereignisse, die mit hoher Wahrscheinlichkeit eintreten werden, kann man Vorsorge treffen und sich absichern. Egal, wie schwerwiegend die Auswirkungen des Ereignisses sind, kann man das Ergebnis der Entscheidung vorausberechnen. Es ist dann mehr oder weniger schlimm.

Unerwartete Ereignisse sind dagegen in jedem Falle kritisch für den Ausgang von Entscheidungen. Wer sich in Sicherheit wiegt, weil er nicht mit einem unerwarteten und nicht vorhersehbaren Ereignis rechnet, wird dagegen auch keine Vorkehrungen treffen und entsprechend überrascht sein, wenn die Katastrophe eintritt und schwere materielle Schäden auslöst. Solche unerwarteten Ereignisse stören in jedem Fall die mathematisch-statistischen Vorhersagemodelle. Nassim Taleb, ein US-amerikanischer Statistiker und Ökonom, hat diese unvorhersehbaren Ereignisse in seinem 2007 erschienenen gleichnamigen Buch »The Black Swan« genannt – in Anlehnung an die Aussagen des aus Österreich stammenden Philosophen Sir Karl Popper.

Damit wird die für damalige Zeiten völlig überraschende Feststellung der britischen Seefahrer und Eroberer des 18. Jahrhunderts umschrieben, die bei ihrer Landung in Australien festgestellt haben, dass dort die Schwäne schwarz sind. Schwarze Schwäne hatte man im königlichen Britannien nicht für möglich gehalten, weil hier alle Schwäne weiß waren. Schwarze Schwäne waren eben ein unerwartetes Ereignis.

2.3 Die Flucht aus dem »Vierten Quadranten«

An seinem Begriff des »Schwarzen Schwan« als Inbegriff des völlig unvorhergesehenen Ereignisses hat Nassim Taleb auch in einem seiner aufsehenerregenden neueren Aufsätze aus dem Jahre 2009 festgehalten: »Errors, Robustness and the Fourth Quadrant«.

Taleb hat hier mit dem »Vierten Quadranten« einen neuen Begriff geprägt, der ebenfalls breite Anerkennung gefunden hat. Er baut seine Theorie von der richtigen Absicherung gegen unerwartete Ereignisse – eben den »Schwarzen Schwan« – auf vier Quadranten mit unterschiedlicher und abgestufter Gefährlichkeit auf. Diese reichen von einem relativen Normalfall mit erkennbaren Risiken und weitgehend abschätzbaren Folgen bis zum nicht vorhersehbaren Katastrophenfall mit unkontrollierbaren Folgen.

Nassim Taleb entwickelt hier eine Matrix, die auf der einen Achse die kalkulierbare Wahrscheinlichkeit des Eintretens eines Ereignisses misst, und er trägt auf der anderen Achse die Schwere der Folgen mit der Komplexität der Zusammenhänge auf. Daraus entstehen dann vier Quadranten:

Der erste Quadrant:
Hier geht es um die alltäglichen Vorgänge und Vorfälle. Sie konnten mit hoher Wahrscheinlichkeit erwartet werden. Weil ihre Folgen auch kaum ins Gewicht fallen, wird ihnen auch wenig Aufmerksamkeit zukommen müssen.

Der zweite Quadrant:
Im zweiten Quadranten treffen wir auf Ereignisse, die von hoher Aufmerksamkeit in Politik und Medien begleitet sind. Es geht um Ereignisse mit hoher Eintrittserwartung und Wahrscheinlichkeit – aber auch um Ereignisse mit schwerwiegenden Auswirkungen. Diesem Quadranten entspricht praktisch die Entscheidungslage von Anlageexperten nach dem Bekanntwerden der Zahlungsunfähigkeit Griechenlands. Die Schadenserwartung war hoch, die Finanzfolgen schwerwiegend, aber man konnte sich entsprechend absichern.

Der dritte Quadrant:
Im dritten Quadranten begegnen wir in unserem Entscheidungsumfeld nur Ereignissen, die wir eigentlich kaum erwarten konnten. Sie treten völlig unerwartet auf, aber glücklicherweise fallen die Folgen kaum ins Gewicht. Hier kann es – aufgrund von Unwägbarkeiten des Marktgeschehens – immer wieder zu unvorhersehbaren, aber kleinen Verlusten des wirtschaftlichen Handelns kommen. »So etwas passiert eben, man kann sich nicht gegen alles versichern lassen ...«

Aber wir können lernen, solche Verluste vorab zu erkennen und die entsprechenden Entscheidungsfehler zu vermeiden.

Der vierte Quadrant:
Dieser viel zitierte »Vierte Quadrant« stellt das absolute Katastrophen-Szenario dar, den Super-GAU, dessen Eintritt man nicht berechnen und daher auch nicht erwarten kann, der aber schwerste Auswirkungen mit sich bringt, die nicht mehr kontrollierbar sind. Die Folgen sind umso schlimmer und komplexer, weil man sich nicht dagegen vorbereiten kann.

Die vier Quadranten nach Nassim Taleb

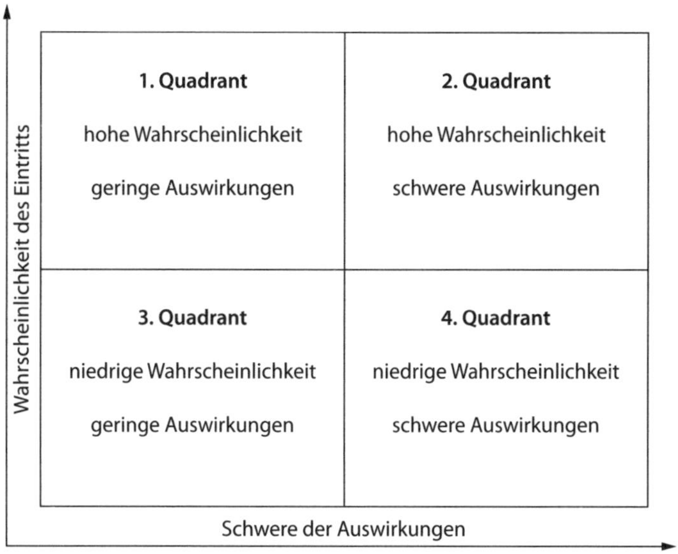

Es gibt neuerdings viele »Schwarze Schwäne«.
Dieses unerwartete Auftauchen einer Katastrophe ist das, was Taleb den »Schwarzen Schwan« nennt – dieser stellt alles in Frage. Und in letzter Zeit sind nur allzu viele Schwarze

Schwäne aufgetaucht – nicht nur im Finanzbereich: Denken wir an die Atomkatastrophe im japanischen Fukushima im März 2011 oder den Terrorakt im bislang so friedlichen Norwegen. Solches hat davor in beiden Fällen als denkunmöglich gegolten.

Die Strategie, die wir aus Nassim Talebs Theorien ableiten können, lautet eindeutig: Wir müssen versuchen, mit unserer Risikoeinschätzung und den darauf aufgebauten Vorkehrungen vom vierten in den zweiten Quadranten zu gelangen – vom schwerwiegenden Ereignis, mit dem man nicht gerechnet hat, weil es bisher als undenkbar gegolten hat, hin zu dem, womit man rechnen muss, auch wenn es noch so bedrohlich ist.

Nassim Taleb sagt in seinem Buch, man müsste fähig sein, das Undenkbare zu denken. Beobachtet man das zögerliche politische Wirken unserer Politiker, wäre schon viel gewonnen, wenn diese wenigstens das Denkbare denken würden.

Die Martini-Gans und der »Schwarze Schwan«.

Denken wir nur an das Leben einer Martini-Gans. Sie beginnt ihr sorgloses Leben auf einem Bauernhof, wird dort liebevoll gefüttert und erfreut sich ihres Lebens, zusammen mit ihren zahlreichen Geschwistern. Wie soll man da an Katastrophenszenarios denken, wenn das Leben so erfolgreich ist und es immer nur aufwärts geht – auch mit dem Gewicht?

Ja, und dann kommt plötzlich der November, es kommt Martini – und da kommt es zur absoluten Katastrophe für die Gans. Hätte sie gewusst, dass die Menschen zu Martini Gänse essen, hätte sie vielleicht irgendwie ausweichen können, in einen anderen Quadranten entfliehen können. Aber die anderen Gänse sind doch auch alle geblieben! Und solange sie zurückdenken konnten, war so etwas noch nie passiert!

Keine »Great Moderation« mehr – kein »Vollkasko-Schutz«
Bisher war der Blick in die Vergangenheit ausreichend, um künftige Entwicklungen abzuschätzen. Heute ist das anders. Mit der aktuellen Krise kommt es zu einem Bruch der bislang als sicher angenommenen Rahmenbedingungen. Die vom Chef der US-Notenbank Fed, Ben Bernanke, als »Great Moderation« bezeichnete Periode der tiefen Risikoprämien und den als unsinkbar geltenden Institutionen ist vorbei. Wir stehen am Beginn einer neuen Zeit, in der es keine Investitionen mit einem »Vollkasko-Schutz« mehr gibt. Wer heutzutage auf den Finanzmärkten noch immer mit Blick in den Rückspiegel Vollgas gibt, darf sich auch nicht wundern, wenn er früher oder später kräftig an die Wand fährt.

2.4 Warum die Märkte oft so überraschend reagieren

Wir müssen akzeptieren, dass staatliche Garantien jeglicher Art keine wirkliche Sicherheit und keinen echten Schutz vor Verlusten darstellen. Die absolute Sicherheit ist tot – es lebe die Unsicherheit, denn die ist wenigstens sicher.

Aber wie kommt es, dass die Märkte plötzlich aus einer gewohnten und scheinbar ruhigen Entwicklung ausbrechen, ohne dass man es vorher erkennen konnte? Wir sollten uns vor Augen halten, dass sich auf einem Markt immer Teilnehmer aus zwei unterschiedlichen Gruppen aufhalten, die einander ganz genau beobachten und feinnervig aufeinander reagieren. Bereits die geringste Veränderung der Verhaltensweisen bei der einen Gruppe löst eine Gegenschwingung bei den Mitgliedern der anderen Gruppe aus. Wenn das länger dauert und sich verstärkt, kann daraus ein gewaltiges Beben entstehen, das den gesamten Markt erschüttert. Das funktioniert auch in der Physik so, meint dazu der Vorstand der Capital Bank, Mag. Constantin Veyder-Malberg, der folgende Geschichte von der Eröffnung der Millennium-Bridge erzählt:

Das Beben auf der Millennium-Bridge.
Im Jahr 2000 wurde in London die Millennium-Bridge eröffnet – ein imposantes Bauwerk in einem supermodernen Stadtteil; zur Eröffnung dieser Fußgängerbrücke war sogar die Queen erschienen. 100 000 Menschen gingen nach der Eröffnung über die Brücke, die nach den modernsten Erkenntnissen der Statik konstruiert worden war und auch als absolut sicher galt. Aber plötzlich begann die Brücke vertikal um 1–2 Meter zu schwingen, also hin und her. Die Brücke musste gesperrt werden – die Architekten waren zunächst ratlos.

Warum schwankte die Brücke? Es ist wohl bekannt, dass Militärkompanien nicht im Gleichschritt über eine Brücke marschieren dürfen, weil das Gehen im regelmäßigen Takt gefährliche Schwingungen auslösen würde. Die Brücke reagiert auf die Taktfrequenz der Schritte mit einer Veränderung der Eigenschwingung. Ganz normale Menschenmassen gehen aber nicht im Gleichschritt. Es gibt also keine Regelmäßigkeit, keine Taktfrequenz der Schritte. Trotzdem wurde die Eigenfrequenz der Brücke – konkret eine halbe Sekunde – auch durch die nicht regelmäßigen Impulse von den Fußgängern verstärkt.

Erst reagieren die Menschen, dann die Brücke. Das Geheimnis der ungeplanten Schwingungen lag darin, dass nicht nur die Brücke auf die Schwingungen der Menschen reagierte, sondern auch die Menschen auf die Schwingungen der Brücke. Und das setzte sich fort.

Wenn sich Menschen beispielsweise auf einem Schiff bewegen, dann gehen sie so mit »weichen« Knien. Sie gleichen automatisch die Bewegungen des Schiffes nach links-rechts und nach oben-unten aus. (Seeleute sprechen von »Rocking and Rolling«.) Als die vielen schaulustigen Spaziergänger über die Millennium-Bridge marschiert sind, da haben sie, wenn auch unbewusst, auf die bestehende und auch geplante Schwingung der Brücke reagiert. Daraufhin hat sich die Eigenfrequenz der Brücke verändert, die ja von den Menschen ausgeglichen wurde. Die ursprünglich auf eine Schrittlänge der Menschen und eine halbe Sekunde berechnete Frequenz der Brücke hat sich von dieser Schrittlänge der Menschen weg entwickelt und ist aus dem vorberechneten Muster ausgebrochen. Auf den Kapitalmärkten laufen ähnliche Prozesse ab, erklärt Mag. Veyder-Malberg.

2.5 Wie verhält man sich richtig auf einem übersensiblen Finanzmarkt?

Denken wir an die Brücke. Schon die kleinsten Bewegungen auf einem Markt – einige Teilnehmer verändern die Auftragsgrößen bei bestimmten Werten, es gibt Orders, für die man nicht sofort eine Erklärung hat etc. – können ganz bestimmte Verhaltensweisen und damit fühlbare Frequenzen auslösen. Weil auf solche Feststellungen reagiert wird, kommt es sofort zu Gegenbewegungen. Und weil an den Finanzmärkten im Zeitalter der Computer eben längst automatische Marktprogramme die Bewegungen kontrollieren, lösen solche Handelsprogramme auch unmittelbar automatische Reaktionen aus. Von da an geht alles blitzartig – auch direkt in die Marktkatastrophe. Die Kontroll- und Handelsprogramme schaukeln einander gegenseitig hoch.

Was heißt das für den aktiv denkenden Anleger und Marktteilnehmer? Alle, die nicht in einer Marktbewegung gefangen sein wollen, müssen sich aus dem »Schrittmuster« der anderen herauslösen, also genau das Gegenteil oder zumindest etwas deutlich anderes tun.

Kaufen, wenn die Kanonen donnern ...
Es gilt noch immer der alte Grundsatz, dass man dann kaufen soll, wenn alle verkaufen. Das heißt konkret: Kaufen Sie in der Krise! Für abgebrühte Börsianer lautete stets der Wahr- und Wahlspruch: »Kaufen, wenn die Kanonen donnern«! Bevor es zur Krise kommt, lautet der Spruch übrigens anders: »Verkaufen Sie bereits, solange die Letzten noch kaufen ...«!

Bei der Befolgung solcher Grundregeln haben die österreichischen Anleger leider noch viel Lernbedarf, meint etwa die Leiterin der Abteilung Private Banking in der Erste-Bank, Frau Dr. Susanne Höllerer: »Hierzulande kaufen die Anleger am liebsten immer zwei Jahre nach Beginn eines Booms – und verkaufen dann (mit Verlust) – wenn die Kurse fallen ...« Der typische und konservative, aber vor allem ängstliche österreichische Anleger wirft seine Aktien in Panik weg, wenn die Krise kommt und die Kurse sinken. Und dann weint er herzerweichend über sein selbstverschuldetes Unglück – aber nicht, ohne die Aktien und seinen Berater in der Bank zu verfluchen und ihm alle Schuld zuzuschieben.

Das wirkliche Fehlverhalten solch eines Beraters mag wohl eher darin gelegen sein, dass er nicht den Mut aufgebracht hat, dem Kunden zu sagen, dass man beim Aktieninvestment auch

Verluste erleiden kann und dass Aktien keinen Nominalwert ausdrücken, sondern Prozentanteile von Unternehmen, also Anteile am Substanzwert eines Unternehmens. Und das bedeutet eben, dass in Zeiten der Krise zwar nicht der Substanzwert des Unternehmens, sondern nur der Kurswert der Aktie gefallen ist, und dass letztlich auch bei einem Währungszusammenbruch der reale Wert des Unternehmens noch immer erhalten bleibt.

Frau Dr. Höllerer von der Erste-Bank verweist in diesem Zusammenhang auch mehrfach auf die …

… Krisen-Grundregel für die Aufteilung des Vermögens vor der Krise:

Noch vor der Krise, also rechtzeitig, sollen wir Vorsorge für die Absicherung unseres Vermögens treffen, und dabei konkret schon an die Folgen unserer Entscheidungen in der Zeit nach der Krise denken.

Während und in der Krise sollen wir auf möglichst mobiles Vermögen und liquide Mittel achten:

Cash brauchen wir in der Krise:

- Weil wir auch in Zeiten der Krise laufende Ausgaben für den Tagesbedarf haben.
- Damit wir in der Krise agieren können, denn während der Krise sind die Assets – Gold oder Immobilien – in der Regel sehr billig zu haben. Es ist fraglich ob wir diese »Schnäppchen« dann auch nach der Krise noch zum selben Preis bekommen werden.
- Cash kann aber beim zwischenzeitlichen Horten und Parken im Wert beschädigt werden.

Immobiles Vermögen brauchen wir für die Zeit nach der Krise.

- Günstig zu kaufen ist immobiles Vermögen praktisch nur in Zeiten der Krise.
- Ein Kauf schon vor der Krise, noch zu den höheren Preisen, ist eine Flucht aus Angst – und daher spekulativ.
- Alles in immobile Assets vor der Krise zu veranlagen, ist keine gute Idee.
- Aber wenn schon teuer in Zeiten vor der Krise gekauft wurde – dann muss man unbedingt durchhalten bis nach der Krise.
- Auf keinen Fall sollte man während der Krise (wegen der niedrigen Preise) verkaufen – außer in Notsituationen.

2.6 Katastrophen werfen immer ihre Schatten voraus

Katastrophen und Krisen kommen nie ganz unerwartet - auch wenn ihre Anzeichen oft nur von wenigen aufmerksamen Marktteilnehmern erkannt werden. Es kommt also immer auf die richtige Deutung der Signale an, erklärt Mag. Veyder-Malberg in diesem Zusammenhang: Der Markt kann irren, und er irrt auch. Aber er korrigiert die Irrtümer auch wieder - ganz automatisch und sehr präzise. Markt ist fortgesetzte Bewältigung von Irrtum - formuliert das deutsche Bankhaus Wegelin & Co. in einer Broschüre zum Thema und nennt dazu auch Beispiele, die ursächlich nichts mit dem Kapitalmarkt selbst zu tun haben:

Die »Challenger«-Katastrophe:
Ausgelöst wurde die Explosion der US-Raumfähre »Challenger« im Jahr 1986 bekanntlich durch einen Ventil-Fehler. Die Firma Morton Thiokol hatte der NASA die Ventile geliefert, deren Dichtungsringe in der Kälte versagt haben.

Dieses Unternehmen wurde schon wenige Stunden nach Bekanntwerden der Katastrophe an der Börse massiv abgestraft – und zwar nur dieses eine Unternehmen. Die übrigen Zulieferer für dieses NASA-Programm, Lockheed, Rockwell-International oder Martin Marietta, blieben von größeren Einbußen verschont. Der Verlust von 12 % der Börsenkapitalisierung von Morton Thiokol entsprach nicht zufällig genau den 200 Millionen Dollar, die den Verlust für das Unternehmen ausmachten – für Entschädigungsleistungen, Rechtsstreitigkeiten und nicht zuletzt den Verlust des NASA-Zulieferstatus.

Hier hatte der Aktienmarkt also punktgenau reagiert – aber erst nach der Katastrophe. Es sollte zu denken geben, dass die technischen Probleme von Morton Thiokol offenbar bereits vor dem Unglück bekannt waren – auch der NASA. Die Techniker hatten die NASA eindringlich vor den fehlerhaften Produkten gewarnt. Und Morton Thiokol hatte diese Informationen auch an die Aktienanalysten weitergegeben. Die haben dann – aber erst nach dem Unglück – die Aktie abgestraft und massive Kursverluste ausgelöst. Aber warum sind diese Korrekturen nicht schon vorher passiert? Warum haben die Märkte nicht richtig und rechtzeitig reagiert?

Vor allem muss man sich fragen: Warum haben die Techniker nicht reagiert? Hätten die Techniker reagiert, dann hätte man die Explosion und den Tod der Astronauten verhindern können!

Die Fukushima-Katastrophe.

Schon lange bevor es im März 2011 zu den verheerenden Katastrophen-Ereignissen im AKW von Fukushima gekommen war, wurde in Technikerkreisen immer wieder Kritik an den Bauschwächen dieser Atomkraftwerke und den überaus nachlässigen Wartungsarbeiten der Betreiberfirma geübt. Trotz aller technischer Kritik und negativer Entwicklung der Aktie war nichts zur Abwendung der Katastrophe unternommen worden. Die Katastrophe hätte von einer seriösen Unternehmensführung und aufmerksamen Politikern vermieden werden können.

Grundvermutungen und Sicherheitsillusionen – sie machen Katastrophen erst möglich.

Für das Versagen der technischen Schutz- und Kontrolleinrichtungen, sowohl bei der Challenger-Katastrophe als auch beim Super-GAU in Fukushima, haben die Marktexperten von Wegelin & Co. eine einleuchtende, aber alarmierende Erklärung:

Die informierten Marktteilnehmer hatten ebenso wie die meisten beteiligten Techniker eine gemeinsame »Grundvermutung«: Eine so professionelle und hoch dotierte Organisation wie die NASA würde solche technischen Mängel sicher im Griff haben und die Sache in Ordnung bringen. Da könne man sich ruhig darauf verlassen. Und das haben sie auch. Bei so hoch eingeschätzten und über jeden Zweifel erhabenen Institutionen macht sich niemand die Mühe nachzuprüfen, ob auch wirklich alles stimmt, was an Kritik geäußert wird. Genau diese Konstellationen sind es, die Katastrophen möglich machen, mit denen niemand jemals gerechnet hätte – und gegen die es daher auch keine Vorkehrungen gab.

- Die Grundvermutung, dass die NASA alle technischen Probleme unter Kontrolle habe, war eine Illusion.

- Auch in Japan ging die Bevölkerung davon aus, dass die Regierung darauf achte, dass der Betrieb von Atomkraftwerken streng kontrolliert wird – schließlich ging es nicht nur um Leib und Leben einer Millionenbevölkerung, sondern in Wahrheit um die Wirtschaft eines ganzen Landes. Auch der Glaube an die Seriosität der AKW-Betreiberfirma und an die Ernsthaftigkeit der verantwortlichen Politiker war letztlich nur eine Illusion.

Und die Aufzählung von möglichen schwerwiegenden Illusionen lässt sich beliebig fortsetzen:

- Dass die schwer angeschlagene Investmentbank Lehman Brothers ob ihrer Größe und Bedeutung für die internationale Finanzwelt nicht doch von der US-Notenbank gerettet würde – das war eine gefährliche Illusion.
- Erschüttert wurde auch der Glaube der Schweizer Bevölkerung an die Problemlösungsfähigkeit ihrer Manager und Politiker, als sie zusehen mussten, wie der Stolz der Eidgenossenschaft, die Swissair, sich in Luft auflösen musste bzw. in einem Abverkauf endete.
- Vielfach können sich wahrscheinlich auch die Menschen in Österreich und in Deutschland nicht vorstellen, dass eines Tages die Staatsanleihen, die sie als mündelsichere Anlagen gekauft haben, womöglich nichts mehr wert sind. Das ist unvorstellbar und unmöglich, glaubt man. Das haben die Griechen vor einiger Zeit auch geglaubt.
- Vermutlich ist es für die Inhaber von österreichischen Sparbüchern undenkbar, dass die staatliche Sicherheitsgarantie von 100 000 Euro im Krisenfall nicht halten könnte. Glücklicherweise denken die Sparer auch nicht daran, dass sie selbst es sind, die mit ihren Spareinlagen für die Sicherheit ihrer Sparbücher haften. Wenn die Regierung ein 100-Milliarden-Banken-Rettungspaket schnürt und dafür Geld auf-

nehmen muss, dann haftet schließlich auch irgendjemand dafür – der Herr Bundeskanzler und die Frau Finanzminister haben dafür nicht genug Geld.

- Die Bürger bürgen für die staatlichen Kredite. Und wenn »etwas passiert«, dann zahlt im Ernstfall immer der Bürge.
- Hat sich noch vor fünf Jahren irgendjemand vorstellen können, dass der mächtige Wirtschaftsriese USA im Sommer 2011 tatsächlich ganz knapp vor dem Bankrott stehen würde?
- Und wie ist es mit dem Euro und der Europäischen Währungsunion? Irgendwie scheint es für viele Menschen in Europa noch immer undenkbar zu sein, dass die gescheiten Köpfe und führungsstarken Europapolitiker, die das einst alles geschaffen haben, möglicherweise Mist gebaut und/oder ihre Hausaufgaben nicht gemacht haben. Dass der Euro, der doch über die Jahre von Politikern und Medien wegen seiner Stabilität und Stärke so gelobt wurde, dann doch irgendwann den Bach hinuntergehen könnte – wer hätte das vor fünf Jahren geglaubt?

Deutlicher kann man es wohl nicht sagen: Katastrophen sind überall dort am schlimmsten, wo man mit dem Eintreten des Ereignisses nicht gerechnet und daher auch keine Vorkehrungen dagegen getroffen hat. Damit sind wir auch wieder bei den »Vier Quadranten« des Nassim Taleb, auf die wir bereits in diesem Kapitel eingegangen sind.

2.7 Erst kommt die Täuschung – dann die Ent-Täuschung

Überall dort, wo es den Glauben an das gute Funktionieren von hoch qualifizierten oder obrigkeitlichen Einrichtungen gibt, entsteht naturgemäß die Illusion der Sicherheit. »Die werden es schon für uns richten«, meint der durch die Politikeraussagen in den Medien beruhigte Bürger, der auch gerne seine Ruhe hat und ruhig weiterschlafen will. Wie die oben zitierten Beispiele zeigen, ist das Erwachen mitten in der Katastrophe dann umso furchtbarer und tragischer.

3. Neue Finanztechniken: Die Banken als faire Partner

Der österreichische Finanzmarketing Verband – ÖFMV – lässt nun schon seit mehreren Jahren durch das GfK-Meinungsforschungsinstitut eine Erhebung über die Erwartungen der Bank- und Versicherungskunden von den Dienstleistungen und das Vertrauen in die Institute durchführen.

Darin sieht der Präsident dieser Vereinigung, Dkfm. Josef Redl, einen zuverlässigen Wertmesser für die Qualitätsarbeit der Finanzdienstleister in Österreich. Ganz allgemein hat sich bei einem Vergleich der erhobenen Werte aus 2010 und 2011 gezeigt, dass das Vertrauen in die Banken nach der großen Finanzkrise aus 2007 und der Bankenkrise 2008 nur ganz leicht zugenommen hat und dass es in diesem weiten Feld noch viel aufzuholen gibt.

3.1 Was wollen die Bankkunden wirklich?

Dass die Bankkunden es ihren Dienstleistern nicht ganz leicht machen, zeigt sich, wenn man die Kunden befragt, wonach sie die Leistungen ihres Instituts beurteilen. Dann gehen die

Werte für die Kriterien der Leistung und die Kritik daran teilweise sehr auseinander. Es scheint fast so, als würden die Bankkunden gar nicht so genau wissen oder einschätzen können, was sie wirklich wollen. Sehen wir dazu die nächste Grafik an. Was begeistert Sie – wie viel kritisieren Sie daran?

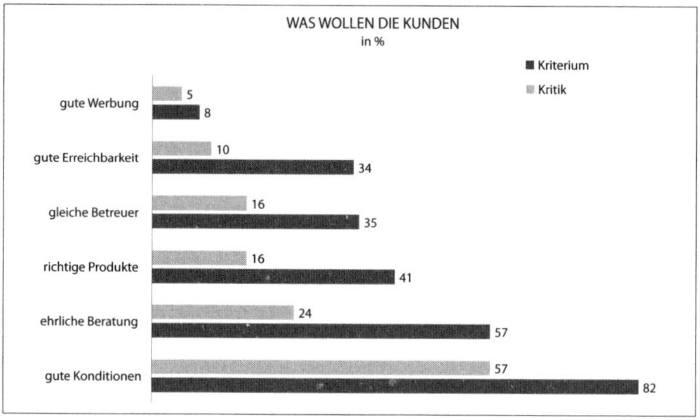

Quelle: GfK

3.2 Das Vertrauen in die Banken hat seit 2007 schwer gelitten

Nach der Lehman-Pleite im September 2008 und den milliardenschweren Bankenrettungspaketen in praktisch jedem Land setzte ein weltweites »Banken-Bashing« ein. Die Banken wurden als Verursacher der fortdauernden Finanzkrisen geprügelt: von den Medien, von den »fortschrittlichen« Politikern und selbstverständlich an allen Biertischen landauf, landab. Die Banken waren die Prügelknaben für alles, was schiefgelaufen ist: für die hoch spekulativen Finanzprodukte im Zusammenhang mit der US-Immobilienkrise, was ja auch gestimmt hat, und für Finanztransaktionen, die viele ahnungslose Anleger mit ins Verderben gerissen haben. Und dass dann ausgerechnet die Banken, die angeblich das ganze Unglück über die Staaten und ihre Bürger gebracht haben, auch noch mit dem Geld der Steuerzahler gerettet wurden, hat die Stimmung zusätzlich aufgeheizt. Die bösen Banken mussten mit einer Bankensteuer bestraft werden. Bezahlt haben ohnedies die Bankkunden.

In Österreich hat es in den Jahren seit dem großen Börsenaufschwung im Jahre 2003 noch einige Vorfälle gegeben, die das Bankwesen zusätzlich schwer in Verruf gebracht haben: Zuerst hatten viele Anleger große Schäden durch die kriminellen Machenschaften einer Kapitalanlagegesellschaft in Wien (AMS) erlitten, viele Anleger hatten auch Geld bei den Wertpapieren der AvW-Gesellschaft verloren, und in der Folge wurden noch mehr Menschen um ihre Ersparnisse gebracht, als die Meinl-Bank über ihre Vertriebspartner Aktien-Konstruktionen mit Sparbuch-Argumenten bewerben ließ.

Die Vertrauenskrise für die Banken ist international.

Horst Köhler, deutscher Ex-Bundespräsident und Ex-Weltbanker prägte 2009 einen markigen Spruch: »Den Bankiers ist mit dem »i« die Moral abhanden gekommen.« In der Folge hat sich das Ansehen der Banker offensichtlich weiter verschlechtert: Man spricht sogar von »Bank-stern«!

Schlimm hört sich auch an, was der »Playboy Deutschland« schrieb:

- 28 % der Deutschen wollen keine Prostituierten in ihrem Freundeskreis.

- 25 % der Deutschen wollen keine Vorbestraften in ihrem Freundeskreis.
- 22 % der Deutschen wollen keine Investmentbanker in ihrem Freundeskreis.

3.3 Wie konnte das Vertrauen in die Banken so rasch verloren gehen?

In Finanzprodukte zu investieren, ist ähnlich wie beim Weinkauf: Es braucht einen Vertrauensvorschuss bei der Kaufentscheidung. Entscheidungsgrundlage sind das Etikett, die Lage der Riede und die Rebsorte. Vor allem aber richten wir uns auch nach den Empfehlungen von Freunden, Zeitungen oder der Vinothek. Wenn der gekaufte Wein bzw. das Finanzprodukt die Erwartungen nicht erfüllt, so wie man es erwartet hat, dann ist die Enttäuschung groß, sie schlägt leicht in Wut um und löst Aggression aus.

Das Vertrauen, die Basis aller Geldgeschäfte, wird langsam aufgebaut, ist aber schnell zerstört. Einer der Gründe ist wohl darin zu sehen, dass die Berater bei den Finanzdienstleistern anscheinend noch immer am liebsten solche Produkte empfehlen, die ihnen und ihrem Unternehmen am meisten in den Produkten versteckte Provisionen bringen, was eigentlich nach den ursprünglichen Absichten in den §§ 38 und 39 des WPAG (Wertpapieraufsichtsgesetz) so nicht sein dürfte, weil die Provision dem Kunden zusteht. Allerdings können sich die Banken dieser Verpflichtung durch eine allgemeine Information des Kunden entziehen. Man sagt ihm, dass die Bank oder der Berater seine Provision kassieren – das ist alles. Damit ist der Konflikt vorprogrammiert: Je mehr Provision, umso eher wird das Produkt empfohlen. Man versteht das Problem am besten, wenn man die Situation mit ein paar anderen persönlichen Beratern im Alltagsleben vergleicht:

Frage: »Würden wir einem Arzt vertrauen, der von den Provisionen für die Medikamente leben muss, die er uns verschreibt?« Seine Pillen könnten schon bald sehr bitter schmecken.

Frage: »Wer vertraut einem Steuerberater, der sein Geld vom Finanzamt erhält – und der umso mehr verdient, je mehr seine Klienten an Steuern zahlen«?

Frage: »Wer vertraut schon einem Anlage- und Finanzberater, der für seine Empfehlungen Provisionen von den Wertpapieremittenten bekommt?«

Das echte Problem liegt hier wohl im System der Anlageberatung: Die meisten Kunden glauben, dass Beratung nichts kostet. Das ist ein Irrtum. Die Beratung kostet sie den Abschluss eines Geschäftes. Und der kostet sie Provisionen. Die meisten Kunden glauben auch, dass ihre Geldveranlagung kostenfrei sei, wenn kein Ausgabeaufschlag verrechnet wird. Auch das ist ein Irrtum: Bei solchen »Typ-0-Funds« oder »No-load-Funds« sind die Bestandsprovisionen, die von den Fondsemittenten an die Finanzdienstleister (Banken und Makler) gezahlt werden, meist doppelt so hoch wie der Durchschnittswert.

Problematisch ist auch, dass die Provision umso höher ausfällt, je risikoreicher das Produkt für den Kunden ist. Eine EU-Studie hat gezeigt, dass die Provision für einen Aktienfonds (0,94 %) im Schnitt doppelt so hoch ist wie für einen Fonds mit Staatsanleihen (0,41 %).

Was hat sich geändert?

1993 war das Fondsangebot der Banken noch beschränkt auf hauseigene Fonds. Fremde wurden nicht angeboten. Die

Fondsgesellschaften waren Töchter der Bank und hatten ihren Vertriebsweg sicher. Später kam die gute Idee von der unabhängigen Produktberatung von den freien Finanzdienstleistern zu den Banken. Gute Beratung konnte nur der bieten, der auch Fonds der anderen Gesellschaften angeboten hat. Doch keiner getraute sich für die Beratung Geld zu verlangen, also blieb die Beratung weiter kostenlos. Bezahlt wurde indirekt über Provisionen der Fondsgesellschaften, die so die Berater zum Verkauf ihrer Produkte motivierten. Um diese zusätzlichen Kosten für die Fondsgesellschaft zu decken, wurden einfach die Fondsgebühren Zug um Zug erhöht. So betrugen die Kosten für einen durchschnittlichen Aktienfonds 1993 noch 0,75 % pro Jahr – 2008, also 15 Jahre später, wurde doppelt so viel verrechnet: nämlich 1,5 % jährlich. Und das, obwohl bereits viel mehr Fondsvolumen verwaltet wurde.

Was bedeutet das für die Fondsanleger?

Die Fondskunden der einen Bank zahlen dafür, dass die von ihnen gekauften Fonds auch an die Kunden der anderen Banken verkauft werden. Ist das wirklich fair?

Außerdem drücken die höheren Kosten auf die Rendite. Eine Studie der Security-KAG, einer Kapitalanlagegesellschaft aus der GraWe-Gruppe (Grazer Wechselseitige), hat ergeben, dass ⅔ der Fonds nicht den Richtwert aus dem für sie relevanten Index, also die sogenannte »Benchmark«, schaffen. ⅓ der Fonds schaffen den Index wenigstens einmalig, fallen dann aber sofort wieder zurück. Also Vorsicht bei den guten Fonds. Und kaufen Sie nie den besten Fonds des Vorjahres!

Und was besonders ärgert: Wer das teuerste Produkt mit den höchsten Provisionen (für den Berater) kauft, der kauft meistens nicht das beste Produkt, zumindest nicht das Produkt mit der besten Performance.

Das ist der fatale Anreiz im System: Je höher das Risiko des Fonds, desto höher fällt auch die Provision für den Berater aus.

Damit setzt sich die ganze Branche dem Generalverdacht aus, dass es mit der Unabhängigkeit der Beratung nicht weit her ist.

Es gibt nur eine Lösung aus diesem Dilemma. Die Beratungskosten müssten offengelegt werden. Erst dann, wenn der Kunde erkennt, dass die Beratung eben nicht kostenlos ist, kann wirklich unabhängig beraten werden. Es gibt bereits erste Anbieter für ein solches System: Sie bieten ihre Beratung einfach gegen Honorar an. Die Provisionen werden an die Kunden weitergegeben und der Kunde zahlt eine pauschale Gebühr für die Beratung. In Deutschland hat die Quirin Bank dieses System eingeführt. In Österreich ist es die Capital Bank.

Ein Tipp: Damit Sie bei Ihrer Beratung wissen, wie viel Provisionen die Bank bei Ihrem Auftrag verdient, haben Sie gemäß Wertpapieraufsichtsgesetz das Recht, diese Provisionsregelung im Detail offengelegt zu bekommen. Wenn Sie diese Frage stellen, dann wissen Sie über die Kosten der Beratung Bescheid und können besser entscheiden.

V. Wie können wir unser Geld retten?

1. Die Grundregeln für das Geld vor der Krise

Machen wir uns nichts vor! Wenn das Währungssystem wirklich mit einem Riesenknall in die Luft fliegt, wird wohl kein Geldstapel auf dem anderen bleiben, um es bildlich auszudrücken. Dann ist vermutlich alles Geld nichts mehr wert. Dann werden die Karten neu gemischt, und es beginnt ein neues Spiel.

1.1 An die Krise denken – aber auch an die Zeit danach.

Wer so denkt und fest an die Geld- und Finanzkatastrophe glaubt, nach der alles Geld und geldwerte Vermögen kaputt sind und im Altpapier entsorgt werden können, für den sind die Entscheidungen recht einfach. Wer an den Untergang des Geldes glaubt, muss nur eines tun: dieses Geld samt und sonders in Sachwerte anlegen, muss Grund und Boden, Häuser und Wohnungen und viel Gold, Silber und Edelsteine kaufen. Sobald das erledigt ist, muss er nur noch, so wie einst der biblische Noah, in seiner Arche abwarten, bis die große Flut kommt. Wenn die große Katastrophe eintritt, ist er wie Noah mit allen seinen Lieben gerettet.

Was aber, wenn die große Katastrophe mit dem Ende des

Geldes nicht kommt? Dann sind vermutlich kräftige Extrakosten für die totale Umwandlung von Geldvermögen in Realvermögen entstanden – und höchstwahrscheinlich auch einige Verluste. Darüber sollten diese übervorsichtigen Menschen aber nicht gram sein.

Schließlich mussten sie sich die ganze Zeit über nicht fürchten und konnten ruhig schlafen. Und sie werden auch froh sein, dass letztlich doch nichts passiert ist. Ja, und die eventuellen Verluste und die Kosten für die Neu- und Rückinvestitionen sind in Wahrheit nichts anderes als die Versicherungsprämien gegen den Totalverlust des Geldes. Ich habe noch niemanden getroffen, der seine Unfallversicherung aus Ärger darüber gekündigt hat, weil ihm nichts passiert ist!

Wer den Totalzusammenbruch des Geldes und der Währungen völlig aus seinem Risikodenken verdrängt und daher überhaupt keine Vorsorgen in diese Richtung trifft, handelt sicher naiv. Fehl am Platz ist aber genauso ein »Weltuntergangs-Angst-Szenario«. Wer nur an die Katastrophe denkt, hat am Ende keine Zeit, um an »Alternativ«-Lösungen für den Fall zu feilen, dass die Welt doch nicht untergeht und er sich weiter um sein Geld und um Sicherheits- und Renditefragen kümmern muss.

Seien Sie sicher: Es geht weiter, und es wird auch nach einer Krise aufwärtsgehen. Daher jetzt 14 grundsätzliche Krisenregeln, bevor wir weiter in die Details bei den einzelnen Anlageklassen gehen.

1.2 Die neuen zusätzlichen 14 Regeln für Investments

1. Halten Sie kein Bargeld – ausgenommen: Goldmünzen für den »Ernstfall«.
Denken Sie an Räuber und Einbrecher, die Sie um Ihr Geld bringen könnten, denken Sie aber auch an den Staat, der Ihnen Ihr sauer verdientes und erspartes Geld – kraft Gesetzes und ganz legal –wegnehmen könnte: Griechenland arbeitet an einem Gesetz, das Bargeldzahlungen über 1500 Euro verbieten soll. Selbst die EZB hat schon zugestimmt, dass das gesetzliche Zahlungsmittel nur mehr für Bagatellbeträge genutzt werden darf.

Wenn man das weiterdenkt, ist das die endgültige Abschaffung des Bargeldes. Papiergeld wird es dann vermutlich auch bald nicht mehr geben, weil es keinen Nutzen mehr erfüllt. So erging es dem aus Österreich geflüchteten Mehrwertsteuerbetrüger, der seine ergaunerten Schilling-Millionen nach der Euro-Einführung in Brasilien am Strand verbrannte. Den Euro gibt es dann nur mehr in Bits und Bytes als virtuelles Computergeld.

Also Vorsicht: Keine größeren Bargeldreserven halten. Denn für die Rückführung von Bargeld auf ein Bankkonto bedarf es einiger genauer Erklärungen, wenn der Betrag über 14000 Euro liegt. Papiergeldbesitzer sind alsbald als Steuerhinterzieher und Geldwäscher gebrandmarkt.

Für alle, die mit dem Zusammenbruch des Euro oder zumindest mit einer Währungsreform rechnen: Halten Sie Goldmünzen bereit! Erfahrungsgemäß dauert es sechs Wochen, bis sich nach einer Währungskrise die ersten brauchbaren Not- und Ersatzgeldformen allgemein durchgesetzt haben. Für diesen Zeitraum sind Goldmünzen in kleinerer Größe sicher von Vorteil. Legen Sie also einen Vorrat an, der für die Lebenshaltungsausgaben für Sie und Ihre Familie für die Dauer von sechs Wochen reichen wird. Denken Sie daran, dass es kleinere Münzen sein sollen: Wenn Sie mit einem Kilobarren Brot kaufen gehen, wird Ihnen wahrscheinlich niemand herausgeben können.

Ihre Goldvorratshaltung sollte darüber hinausgehen, wenn Sie mit dem Währungszusammenbruch rechnen. Der US-amerikanische Ökonom Hyman M. Minsky meint, dass es im Normalfall etwa sechs Monate dauert, bis ein Übergangswährungssystem durch ein neues Dauermodell abgelöst wird. Wenn Sie also in dieser Zeit wirklich flexibel und vor allem liquid in größeren Beträgen sein wollen – etwa für den Ankauf stabiler ausländischer Währungen –, dann empfiehlt es sich, Geldmengen in Gold anzulegen, die etwa Ihrem mittleren Finanzbedarf von sechs Monaten entsprechen. Hier würde es sich empfehlen, doch wenigstens auf 1-Kilo-Goldbarren und darüber zurückzugreifen! Da gibt es günstigere Spannen für Ein- und Verkauf.

2. Schulden machen und Inflationsgewinner sein.
Nehmen Sie keine Konsumkredite auf, sehr wohl aber Immobilienkredite bei Immobilien mit Mieteinnahmen. Schließen Sie die Kredite nicht endfällig ab, und wenn, dann sollten Sie genau wissen und planen, wie im Ernstfall die Rückzahlung erfolgen kann. Denken Sie daran, dass die Zinssatzbindung der Laufzeit entsprechen soll. Das Kongruenzprinzip lautet: lange Laufzeit = Zinsen lange binden, sonst laufen ihnen plötzlich mittendurch die Zinsen davon. Denken Sie an Zinsenabsicherung in Form von sogenannten »Caps«. Caps sind Verträge, mit denen ein Kreditkunde Zinsenobergrenzen mit seiner Bank vereinbart. Steigen die Zinsen über die fixierte Obergrenze, dann muss eine Versicherung die darüber hinausgehenden Zinsen bezahlen. Die Prämien dafür sind aber nicht

sehr billig. Bei Immobilien ist auf Vermietungssicherheit mit Inflations-Indexierung zu achten. Die steigenden Zinsen für den Kredit sind dann – zumindest theoretisch – durch die Index-gesicherten Mieteinnahmen abgesichert.

3. Investieren Sie so direkt, wie Sie es sich leisten können.
Die Auswahl wird vor allem dadurch bestimmt, wie viel Geld Sie investieren können. Wenn das Geld nicht reicht, werden Sie sich kein Zinshaus kaufen können, sondern bestenfalls eine Eigentumswohnung. Am besten wäre bei Immobilien eine Eintragung ins Grundbuch und bei Beteiligungen eine Eintragung ins Firmenbuch. Bei Edelmetallen sollten Sie keine Papierwerte, sondern den physischen Goldbarren oder die Münze kaufen. Bei Wertpapieren ist das gedruckte Papier nicht mehr üblich. Es gibt kaum gedruckte Anleihen oder Aktien, nur noch Computerausdrucke.

Ein weiteres Auswahlkriterium stellen die Kosten einer Investition dar. Solche direkte Lösungen für eine Investition kann man sich nur bei entsprechender Größe des Gesamtvermögens leisten, da sie mit Fixkosten verbunden sind, die sich erst ab wirklich großen Investitionen rechnen. Das gilt auch für die Anschaffung von Aktien. Wenn es um kleinere Beträge geht, ist es zu gefährlich, nur in einen oder zwei Titel zu investieren. Risikostreuung muss aber sein, daher sind Fonds bei den meisten Anlegern schon aufgrund der kleinen Anlagesummen sinnvoll.

Denken Sie an folgende Stufenregel, je nach Größe des Betrages, den Sie anlegen können:

Die Stufenregel für Anleger

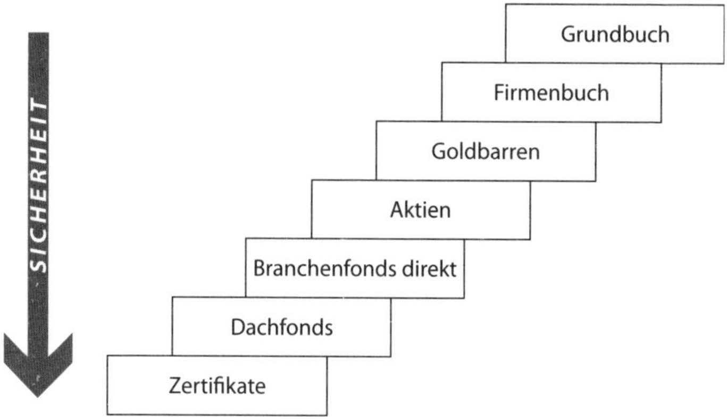

4. Kaufen Sie nur, was Sie auch verstehen.
Je komplexer ein Finanzprodukt konstruiert ist, desto kritischer sollte man bei der Entscheidung werden. Meist kennen sich auch die Berater selbst nicht aus. Es ist Ihr Geld. Kein Berater kann Ihnen die Entscheidung abnehmen. Entscheiden darf man aber nur, wenn man versteht, was mit dem Geld passiert und wie es wieder zurückkommt.

5. Kaufen Sie nur, wofür Sie später einen Käufer finden können – zu einem guten Preis.
Die Krise hat gezeigt, dass die Liquidierbarkeit, also die Möglichkeit eines Wieder- oder Weiterverkaufs von Anlagen, den Preis der Anlage deutlich mitbestimmt. Schließlich will ich mein Investment bei Bedarf auch wieder relativ kurzfristig und ohne Verluste verkaufen können. Je illiquider – also schwerer verkaufbar – ein Investment ist, desto höhere Kursabschläge muss man beim Verkauf akzeptieren. Das heißt im Umkehr-

schluss, dass man beim Kauf deutlich weniger zahlen sollte, wenn die Liquidität nicht gesichert ist. Wie erkenne ich die Liquidität? Die Tagesumsätze an einem anerkannten Markt, also einer Börse, sind entscheidend. Das, was man in einen bestimmten Wert investiert, darf nur einen geringen Bruchteil des Börsenumsatzes ausmachen. Gibt es keinen Handel, so ist entscheidend, dass es eine gesicherte nachhaltige Nachfrage nach Ihrem Investment geben wird. Gibt es überhaupt keine Nachfrage, dann erleiden Sie automatisch einen Totalverlust. Ein Indiz für eine nachhaltige Nachfrage ist die Fähigkeit des Investments zu regelmäßigen Ausschüttungen. Sind diese auch noch wertgesichert, wird der Totalverlust nie eintreten.

6. Achten Sie auf Ihre Kosten – besonders auf die versteckten. Am Produkt verdient zuerst der Produzent, dann der Vertrieb und erst zuletzt der Geldanleger, also Sie. Hinter jedem Produkt verbergen sich Kosten, die der Anleger zahlen muss, egal, ob er an seiner Veranlagung verdient oder nicht. Bei Fonds sind es die Höhe des zu zahlenden Ausgabeaufschlags (den erhält Ihr Berater) und die internen »Total Expense Ratios« (TERs) der Fondsverwalter (auch davon erhält Ihr Berater einen guten Teil). Als besonders kostengünstig sind sogenannte ETFs – Exchange Traded Funds – zu empfehlen. ETFs bieten eine günstige Risikostreuung, auch wenn es kein aktives Management gibt. Der Wert für ein aktives Management bei der Titelauswahl nimmt ab, je effizienter ein Marktplatz ist. Die Effizienz nimmt mit der Liquidität am Markt zu. ETFs arbeiten mit bis zu 90 % niedrigeren Kosten als ihre aktiven Pendants. Die Kostendifferenz entsteht auch dadurch, dass die passiven Fonds keine Provisionen an den Vertrieb zahlen. Das ist wohl der Hauptgrund, weshalb die Anlageberater diese ETFs noch eher selten von sich aus anbieten.

7. Glauben Sie keinem Analysten.
Eine Studie der Kapitalanlagegesellschaft der Capital Bank, der »Security KAG«, hat gezeigt, dass es besser ist, das Gegenteil von dem zu machen, was Analysten empfehlen, da sie in der Regel falsch liegen. Glauben Sie besser Ihrem Bauch als einem Analysten.

8. Vertrauen Sie keinem Rating.
Die Überraschung bei den Garantien für die Lehman-Bank war groß, als die Bank plötzlich pleite war. Doch bei genauer Prüfung hätte auffallen müssen, dass Lehman bereits bei der Emission der Anleihepapiere (Zertifikate) die höchsten Zinsaufschläge in der Branche zahlen musste. Seither ist das Emittentenrisiko bei Zertifikaten ein echtes Thema.

Die »Credit-Default-Swaps« (CDS) spiegeln die Bonitätseinschätzung des Marktes deutlich besser wider als jedes offizielle Rating. Denn die Agenturen hinter den Ratings müssen im Gegensatz zu den CDS-Käufern dafür kein Geld in die Hand nehmen. Im Gegenteil: Sie werden vom Emittenten sogar dafür bezahlt, dass die Ratings gut ausfallen. Solange dieser Interessenkonflikt besteht, sind Ratings ohne Wert für den Anleger.

Denken Sie immer daran: Je besser das Rating, desto geringer ist in der Regel der Risikoaufschlag. Damit fehlt der Puffer bei einer Überraschung. Und es wird immer mehr Überraschungen geben.

9. Der ideale Zeitpunkt ist eine Illusion.
Es lohnt sich nicht, auf den richtigen Moment für den Einstieg oder den Ausstieg bei einem Investment zu warten. Um nicht alles auf eine Karte zu setzen, kann man »Cost-Averaging« betreiben. Das heißt, man kauft regelmäßig neue Tranchen zu bestehenden Positionen dazu. Dann hat man zu niedrigeren

und höheren Kursen gekauft und wahrt sich die Chance auf eine durchschnittliche Performance.

10. Laufen Sie dem Markt nicht hinterher.
Sie sollten auf keinen Fall bei einem Papier nachkaufen, weil das Investment schon so gut verdient hat. Je höher die Gewinne davor waren, desto höher werden auch die Verluste sein, wenn der Markt wieder dreht. Und das passiert immer, früher oder später. Damit vermeidet man, dass man bei Blasen zu spät einsteigt und dann nur beim Platzen und bei den Verlusten mit dabei ist.

11. Hin und Her macht Taschen leer.
Wer ständig nur von einem zu einem anderen Investment wechselt, weil er immer wieder neue Chancen sieht, die er nicht verpassen will, der wird vielleicht zwischendurch immer wieder Erfolge haben. Das Kaufen und Verkaufen ist aber nicht billig. Die Kosten schmälern auf alle Fälle die erzielten Gewinne. Bleiben diese aus, dann steht man am Ende ärmer da als vorher. Es gibt nur einen, der dabei verdient: Das ist Ihr Berater und vermutlich auch die Bank, für die er arbeitet.

Ein echtes »Markttiming« gibt es nicht. Trendfolge-Strategien über Computerprogramme, wie sie bei »Superfund« bisher ganz gut funktioniert haben, können zwar über lange Perioden gewinnbringend sein, aber eine echte und sichere Strategie für die private Zukunftssicherung sind sie auch nicht. Daher sind Umschichtungen aus kurzfristigen Marktüberlegungen auf lange Sicht nicht sinnvoll.

12. Vorsicht bei Qualitätsauszeichnungen.
Vergessen Sie sogenannte »Awards«, wie sie in den Medien immer wieder groß herausgestellt werden. Bewertungen von Fonds mit Sternen, wie es »Morningstar« oder »Standard &

Poors« machen, dienen eher dem Marketing der Fondsgesellschaften, aber nicht Ihrer Anlageentscheidung. Denn diese beruhen auf dem bisherigen Kursverlauf. Was sich im Fonds bisher sehr gewinnbringend entwickelt hat, ist im Kurs gestiegen. Je teurer die Papiere eines Fonds, desto höher ist sein Preis. Wenn Sie erst kaufen, nachdem der Fonds verdient hat, ist es zu spät. Dann werden Sie höchstwahrscheinlich verlieren. Prämiert werden aber jährlich die besten Fonds des Vorjahres. Diese Listen können Sie am besten als »Schwarze Listen« ansehen: Was dort draufsteht, sollte man eher nicht kaufen, das ist längst zu teuer und enthält zu viel Risiko für einen Rückgang.

Eine Studie von Thomas P. McGuigan* hat den wissenschaftlichen Beleg dafür gebracht. Selbst bei einer langen Beobachtungsperiode von 20 Jahren konnten die besten Fonds die Performance in den folgenden 10 Jahres nicht mehr halten. Im Schnitt konnten nur 28,57 % der Fonds in der jeweiligen nächsten 10-Jahres-Periode ihre Top-Quartil-Platzierung halten.

13. Besser ein Durchschnittskämpfer als der Tabellenführer.
Es gab zwar immer Fonds, die in Gewinnperioden den zugrunde liegenden Marktindex schlagen konnten, dies aber nie nachhaltig. Es gibt auch Verlustperioden. Bloß, was ist das für ein Trost, wenn Sie wissen, dass der Marktindex, der als Benchmark gedient hat, sogar um 50 % gefallen ist, Sie allerdings um 35 % im Minus sind!
Daher sind Fonds, die darauf verzichten, besser als der Markt zu sein, und diesen einfach nur replizieren und dafür mit geringeren Kosten arbeiten, für Profiinvestoren die bessere Wahl. Wer auf ein aktives Management nicht verzichten will,

* »The Difficulty of Selecting Superior Mutual Fund Performance« im Journal of Financial Planning, Februar 2006.

sollte entweder kostengünstigere institutionelle Fondsklassen verlangen, die keine Vertriebsprovision zahlen, oder zu einem Berater gehen, der seine Provisionen an die Kunden weitergibt, wie es beispielsweise die Capital Bank oder das Bankhaus Spängler im Private Banking tun.

14. Es gibt kein Versteck mehr vor der Finanz.
Wenn ein Investment sich nur durch den Steuervorteil rechnet, lassen Sie die Finger davon. Es gibt bessere Möglichkeiten.

Vor allem sollte man sich davor hüten, sein Geld vor der Steuer zu verstecken. Es ist einfach zu gefährlich, mit der Diskretion der Banken in Luxemburg, Liechtenstein und in der Schweiz zu rechnen. Und ein gesetzlich geschütztes Bankgeheimnis gibt es seit Jahren nicht mehr – auch nicht in Österreich. Die internationale Zusammenarbeit der Steuerbehörden ist beschlossene Sache. Die Gesetze zum Bankgeheimnis werden international umgeschrieben.

Nur ein Beispiel: Seit 2011 müssen alle Schweizer Banken bei Anfrage eines österreichischen Finanzamtes offen Auskunft über alle relevanten Konten – auch Nummernkonten – geben. Dazu bedarf es nicht einmal eines Gerichtsbeschlusses, so wie früher, und es muss auch kein konkreter Verdacht gegen die Person, Firma oder Vereinigung bestehen: Es genügt die bloße »vermutete Erheblichkeit« eines schlecht gelaunten Finanzbeamten zur Steuerbemessung in Österreich.

Die größte Gefahr für die Inhaber von Konten, Wertpapierdepots und Stiftungskonstruktionen im Ausland kam zuletzt weniger von Banken und Behörden als von kriminell veranlagten Bankmitarbeitern. Sie haben es in mehreren Fällen geschafft, den deutschen Behörden gestohlenes Datenmaterial zur Verwendung anzubieten. Und die deutschen Behörden sind auch nicht davor zurückgeschreckt, diesen kriminellen Elementen die gestohlenen Datensätze mit genauen Aufzeichnungen von Konten deutscher und österreichischer Inhaber um Millionenbeträge abzukaufen und damit auch weitere Kriminelle zur Nachahmung solcher Delikte zu ermutigen.

Aus Schwarz mach' Weiß ...

Die Capital Bank, ein Unternehmen der Grawe-Group (Grazer Wechselseitige), wirbt schon seit Jahren mit dem Slogan »Weiß ist in« dafür, Schwarzgelder so rasch wie möglich zu legalisieren, bevor es zu spät ist. Am Anfang dieser Aktion steht immer zuerst die Rückführung des Schwarzgeldes aus dem Ausland. Damit wird ein Konto oder Depot in Österreich zwar noch immer nicht automatisch beim Finanzamt deklariert, aber der Inhaber ist ab diesem Zeitpunkt zumindest theoretisch »steuerehrlich«, weil nämlich die österreichische Bank für ihn automatisch die KESt. – also die Kapitalertragsteuer von 25 % – von seinem Konto abzieht und ans österreichische Finanzamt abliefert. Erst ab diesem Zeitpunkt beginnt eine Verjährungsfrist für das Steuervergehen zu laufen.

Auf Verjährung setzen – oder Amnestie durch Selbstanzeige.

Menschen mit schwachem Unrechtsbewusstsein, aber starken Nerven können ab Beginn der Verjährungsfrist darauf spekulieren, dass die Finanz nicht hinter ihre Tricks kommt. Es müsste ihnen gelingen, diese Gelder mindestens sieben oder acht Jahre vor dem Finanzamt geheim zu halten – erst dann wären sie einigermaßen sicher vor Strafe und auch vor einer Nachversteuerung. Wirklich sicher kann ein Steuerhinterzieher erst sein, wenn er tatsächlich einen Schlussstrich unter seine Steuerbetrügereien setzt und eine Selbstanzeige beim Finanzamt einbringt, bevor die Finanz von sich aus hinter seine Machenschaften kommt und ein Verfahren einleitet.

Selbstanzeige löst Steueramnestie aus, das heißt, es werden keine Strafen verhängt – keine Strafgelder, kein Gefängnis. Damit kommen aber auch die Verjährungsregeln für die Steuervergehen zur Anwendung und der jetzt steuerehrliche Schwarzgeldbesitzer muss nur die Steuern für die letzten sieben bis acht Jahre nachzahlen und allenfalls eine Verzinsung der Nachzahlbeträge für diese Zeit.

»Steuer-Schnäppchen« nach Steueramnestie.

Die Steuerexperten der Capital Bank haben errechnet, dass solche Rückführungsaktionen in Verbindung mit Selbstanzeige sogar sehr steuersparende Auswirkungen haben können: Die hinterzogenen Kapitalerträge werden geschätzt, beispielsweise mit einer Durchschnittsrendite von jährlich 4 %. Dann wären für jedes Jahr 1 % davon als hinterzogene KESt. zu kalkulieren. Bei einer rückgerechneten maximalen Versteuerungsdauer bis zur Verjährung wären das höchstens 8 % Steuer vom veranlagten Vermögen. Im Vergleich zur Steuer eines steuerehrlichen österreichischen Anlegers ist diese Steuernachzahlung geradezu als »Steuer-Schnäppchen« zu beurteilen.

Hier sei aber dennoch vor einem möglichen Riesenirrtum gewarnt. Einen derart günstigen Verlauf nimmt ein Amnestieverfahren nur, wenn das ins Ausland transferierte Geld seinerzeit steuerehrlich erworben wurde. Wer nämlich das Schwarzgeld durch nicht gemeldete »Schwarzgeschäfte« schon bei der Umsatzsteuer und dann logischerweise noch einmal bei der Einkommensteuer vorbeigeschwindelt hat, den würden seine Delikte bei Entdeckung sicher hinter Gitter bringen. Für eine Selbstanzeige gehört in diesem Fall schon sehr viel Mut und Unrechtsbewusstsein – dies fehlt aber sehr vielen Steuersündern.

2. Die richtige Aufteilung des Vermögens

Die Zukunft ist ungewiss – und Streuung schafft Sicherheit.

Das ist eine Strategie, die nicht erst die Asset-Manager der Neuzeit erfunden und entwickelt haben. Wir können das bereits im Alten Testament nachlesen, und zwar im Buch »Kohelet«. Dort finden wir im Kapitel 11, Vers 2 folgenden Ratschlag, der schon gut und gerne ein paar Tausend Jahre alt ist: »... verteil dein Kapital auf sieben oder gar auf acht; /denn du weißt nicht welches Unglück über das Land kommt ...«

Konkret heißt das also, dass wir von mehreren (sieben oder acht) verschiedenen und möglichen Unglücksszenarien ausgehen und daher unser Kapital auch auf mehrere Partien aufteilen sollten. Von der Strategie her bleibt es aber dem Einzelnen überlassen, wie er in seiner individuellen Wahrnehmung die Wahrscheinlichkeit des Eintretens und die Erschwernis der Folgen eines Schadenszenarios einschätzt.

2.1 Wie streue ich richtig?

Bei Professor Harry Markowitz, der vor einigen Jahren für seine Portfolio-Theorie den Nobelpreis erhalten hat, wurden die biblischen Mahnungen negiert, wonach man stets in der Zukunft auch mit Unglück rechnen muss. Seine Theorien könnte man demnach als »Schönwetter-Strategien« bezeichnen.

Professor Markowitz setzt nur auf Märkte ohne Brüche. Solche Brüche stehen aber mit großer Wahrscheinlichkeit immer bevor. Daher ist jede Streuungsregel, die auf historischen Zahlen beruht, in der Krise nutzlos. Das ist ungefähr so, als wenn man mit dem Blick in den Rückspiegel im Auto Vollgas gibt.

Besser sind da schon Krisenszenarien. Aber es kommt dennoch meistens anders.

Die drei »G« der Rothschilds: Geld, Grund und Gold.
Die Zukunft ist immer ungewiss. Die Zukunft auf nur ein einziges Szenario zu fixieren, führt zu Spekulation. Spekulation ist Wetten. Beim Investieren muss die Ungewissheit mit Streuung bekämpft werden. Dafür gibt es eine altbekannte historische Regel, die der Einfachheit halber nur drei Kategorien bei der Aufteilung empfiehlt: Geld, Grund und Gold – die drei »G« der Rothschilds.

2.2 Streue auf so viele Anlageklassen wie nur möglich

Im Oktober 2009 wurde in den Niederlanden vom Wirtschaftsprofessor Niels Bekkers zusammen mit den Fondsmanagern Ronald Q. Doeswijk und Trevin W. Lam untersucht, ob eine Streuung auf mehr als die Anlageklassen Anleihen und Aktien einen Vorteil gebracht hat.

Die Antwort war eindeutig: Durch die Erweiterung der Anlageklassen um Immobilien, Rohstoffe, hoch verzinste Unternehmensanleihen und inflationsgesicherte Anleihen wurde das Risiko-Ertrags-Verhältnis nachweisbar gesteigert.

Also, es kommt nicht so sehr darauf an, welche Aktien oder Anleihepapiere man im Einzelnen kauft, sondern wie man sein Vermögen insgesamt aufteilt. Bereits 1986 hatten Brinson, Hood und Beebower in einer Studie über 91 große US-Pensionsfonds nachgewiesen, dass es nicht darauf ankommt, welche Aktie und welche Anleihe im Portfolio gekauft wurde.

Stattdessen war die Aufteilung auf die Anlageklassen Cash, Anleihen und Aktien zu 93,6 % für die Anlageergebnisse entscheidend. Zudem brachte die aktive Titelselektion sogar noch einen negativen Beitrag im Vergleich zu den Marktindizes. 1991 aktualisierten die drei Wissenschaftler die Studie und kamen auf 91,5 %.

2.3 Die individuelle Risikobereitschaft: eine Momentaufnahme

Vergessen Sie jede persönliche Risikobereitschaft. Sie dient allenfalls als Momentaufnahme Ihrer Stimmungslage. Diese ist wiederum stark von den zuletzt wahrgenommenen Gewinnen oder Verlusten geprägt. Ihr Risikoappetit wird nur durch Ihre Risikopuffer bestimmt. Je mehr frei verfügbares Vermögen und Einkommen Sie besitzen, desto mehr Risiko werden Sie zu nehmen bereit sein.

Aus kurzfristigem Risiko langfristige Sicherheit machen:

- Für langfristige Zukunftssicherung bietet sich nur die Investition in Sachwerte an. Und auch hier müssen immer wieder kurzfristige Wertschwankungen in Kauf genommen werden.
- Wenn es immer mehr Geld gibt, weil die Geldmenge durch Notenbanken und Bankenapparat zu stark ausgeweitet wird, dann sind langfristig Sachwerte der beste Vermögensbewahrer.
- Aus kurzfristigem Risiko wird dann langfristige Sicherheit.

»Rebalancing« oder »Einkaufen wie die Großmutter am Bauernmarkt«.
Es gilt der Grundsatz: Immer das kaufen, was gerade billig ist, und verkaufen, was teuer ist. Das ist die Verhaltensweise kosten- und qualitätsbewusster Einkäufer auf dem Gemüse- und Obstmarkt. Wer an die Preise denkt, wartet bis etwas Preiswertes billig zu haben ist. Daran sollten wir auch denken, wenn wir uns gute und vielversprechende Aktien oder passende Anleihen aus den Angeboten heraussuchen wollen.

Ein Mal jährlich zumindest sollte eine Neubewertung des Anlageportfolios stattfinden, besser sogar quartalsweise. Das ist die einfachste Vermögensverwaltung. Man kann es selbst tun und muss kein Börsenprofi sein. Aber es gilt auch: auf die Kosten achten.

3. Die Geld-Beratungs-Fallen

Die abgebrühten Börsianer, von denen viele anscheinend mit der Jagd zu tun haben, kennen einen zugegebenermaßen burschikosen, aber in der Praxis nur zu wahren Spruch: Das Kapital ist brunftig wie ein Hirsch – wenn es um die Wahrnehmung von Gewinnchancen auf den Märkten geht, ist den Spekulanten jedes Mittel recht. Aber es ist auch scheu wie ein Reh – sobald erste Gefahrensignale erkennbar sind, verschwinden die Spekulanten blitzartig von der Bildfläche und suchen an anderer Stelle sicheren Unterschlupf.

3.1 Wer zuerst kommt ...

Das zeigt sich besonders deutlich in Zeiten vor einer Krise. Die Besitzer der ganz großen Vermögen beginnen immer als erste und daher rechtzeitig, diese Vermögen umzuschichten, wenn sich Veränderungen an den Finanzmärkten abzeichnen. Sie haben dafür meist super professionelle Berater an der Hand und damit einen gewaltigen Informationsvorsprung vor den »kleinen Leuten«, den Sparern und Kleinanlegern, die nur sehr vorsichtig mit ihrem Geld umgehen können.

Die großen und finanzstarken Investoren-Gruppen waren die ersten, die nach den schlimmen Kursverlusten an den Börsen bereits im Frühling 2009 wieder Aktien zu kaufen begannen und große Gewinne einfuhren. Dabei hatten sie rechtzeitig erkannt, dass in dieser Phase Liquidität gefragt war.

Ein ähnliches Szenario war auch seit dem Sommer 2011 bemerkbar. Während das Gros der Sparer und Anleger nach Möglichkeiten für die Absicherung des Geldes gegen die Krise suchte und ihr Geld zuweilen in völlig überteuerte Vorsorge-Wohnungen und ähnliche Objekte investierte, wurde das ganz große internationale Geld bereits wieder in Bestände mit möglichst hoher Liquidität umgeschichtet. Dazu zählen einerseits kurzlaufende Anleihen guter Emittenten, aber auch Gold, denn Gold ist jederzeit rasch auf dem Markt in Geldvorräte umzuwandeln. Sie alle warteten bereits auf die Krisenerscheinungen in der Wirtschaft, die sich bereits abzuzeichnen begonnen hatten. Die großen Investoren wollten bereit sein, wenn es galt, die gefallenen Preise für Aktien und Immobilien zu nutzen, die von jenen verkauft werden mussten, denen der wirtschaftliche Abschwung zu sehr zu schaffen machen würde. Wer genug Geld und Vermögen hat, kann solche Krisenzeiten leichter überstehen und auf den nächsten Aufschwung warten.

Schlimm sind hingegen die Menschen in ihrer Mehrzahl dran, die jeweils nur über geringe Geldvorräte verfügen, auf die sie meist nicht für längere Zeit verzichten können, weil sie das Geld zwischendurch für mittlere und größere Anschaffungen brauchen. Sie sind auf die nur kurzfristigen Geldgeschäfte und Absicherungen gegen Wertverfall und Renditeverlust angewiesen. Sie können nicht agieren und Trends setzen, sondern nur auf die Trends der großen Investoren-Gruppen reagieren.

3.2 Viel Geld – wenig Risiko, wenig Geld – viel Risiko

Wer mit Geld Geld verdienen will, muss auch die Gesetze der Finanzmathematik und der Prozentrechnung im Auge haben, und die sind manchmal ein wenig »unfair«.

Wer beispielsweise 500 Millionen Euro an Vermögen hat, kann auch bei einer Rendite von 2 % ganz komfortabel seine Privatausgaben bestreiten. Mit 10 Millionen im Jahr lässt sich's gut leben, auch wenn davon noch 25 % Kapitalertragsteuer abgezogen werden.

Wer nur 50 000 Euro auf dem Sparbuch hat, bekommt bei 2 % Zinsen gerade 1000 Euro im Jahr – und auch davon netto nur 750 Euro. Auch wenn jemand gut situiert ist, und über 500 000 Euro Finanzvermögen verfügt, wird bei einem Zinsertrag von brutto 10 000 Euro im Jahr noch nicht davon leben können.

Dabei taucht auch noch eine andere soziale Frage auf: Wenn ein Großinvestor einen Teil seines Vermögens verliert, wird er mit dem Rest seines Geldes noch immer gut zurechtkommen. Und er kann mit dem restlichen Geld auch noch neue Risiken eingehen – und das verlorene Geld wieder zurückgewinnen.

Das kann der Sparer oder Kleinanleger nicht – wenn sein Geld weg ist, dann steht er arm da.

Das erinnert ein wenig an das Pokerspiel: Wer genug Einsatz auf den Tisch legen kann, darf auch bei erhöhtem Einsatz mitsteigern. Wer nicht mehr mitbieten kann, muss ausscheiden. Sein Geld bleibt im Pott und ist verloren – auch wenn er eigentlich und gerechterweise bessere Karten gehabt hätte.

3.3 Vorsicht: Alle wollen nur Ihr Bestes – Ihr Geld!

Die schlimmsten Tricks der Berater.

Wir wollen hier einige Warnungen aussprechen, die vor allem für jene gelten, die besonders auf ihr Geld aufpassen müssen, weil sie nicht genug davon haben – und auch nichts zu verschenken haben. Sie sind es auch, die auf den Rat ihrer Berater stark angewiesen sind. Achten Sie daher sehr genau auf die Fallstricke bei der Geldanlage, damit Sie nicht auf die Nase fallen:

Die 8 Fallstricke bei der Geldanlage.

- Renditeversprechen, die weit über dem Markt liegen.
- Ihr Anlegergeld soll direkt an den Vermittler überwiesen werden.
- Es gibt keine Trennung von Verwahrung und Verwaltung.
- Der Unternehmenssitz des Beraters liegt in einem Offshore-Land.
- Der Kontoauszug kommt direkt vom Berater.
- Der Berater will eine Zeichnungsberechtigung am Konto.
- Der Berater hat Ihnen keinen Prospekt angeboten.
- Achtung: Die Preisbildung für das Investment ist manipulierbar.

Seien Sie vorsichtig und schauen Sie genau auf diese »Red Flags«, also »Rote Warnflaggen«. Schon wenn eines der Gefahrensignale auftritt, sollten alle Alarmglocken schrillen:

1. Renditeversprechen, die weit über dem Markt liegen.
Wenn bei den Angeboten etwas zu gut erscheint, um wahr zu sein, dann ist es das auch. Wird Ihnen ein Investment mit geringem Risiko und hoher Rendite angeboten, dann lehnen Sie es guten Gewissens ab. Es birgt ein Risiko, das Ihnen und möglicherweise auch dem Berater (noch) nicht bekannt ist. Dies war bei Mr. Madoff in den USA so, bei AvW und Meinl, aber auch bei einigen Immobilienaktien in Österreich. So vermeiden Sie Enttäuschungen, die dann eintreten, wenn die Täuschung auffliegt. Sparen Sie sich dieses Lehrgeld!

2. Ihr Anlegergeld soll direkt an den Vermittler überwiesen werden.
Das ist in Österreich verboten. Das Geld muss grundsätzlich zu einer Bank mit Bankkonzession gehen, und das Konto muss auf den Namen des Anlegers lauten. Dazu gibt es Banken, die speziell für Vermittler Kundenkonten anbieten. Beispiele in Österreich sind die Capital Bank, mit ihrem Plattformservice oder die Partner Bank.

3. Es gibt keine Trennung von Verwahrung und Verwaltung.
So konnte Mr. Madoff seinen Betrug planen und durchziehen. Die Wertpapiere, die er zu kaufen vorgab, gab es gar nicht, da er das Geld für andere Zwecke genutzt hatte.

4. Der Unternehmenssitz des Beraters liegt in einem Offshore-Land.
Damit unterliegt das Investment nicht den strengen EU-Regeln, die dazu geschaffen wurden, den Anleger zu schützen.

5. Der Kontoauszug kommt direkt vom Berater.
Damit kann der Berater die Auszüge manipulieren oder Informationen unterdrücken. Ihrer Bank – und nur ihr – können Sie voll vertrauen, denn sie haftet auch bei Betrügereien für den Schaden. Ihr Berater ist dann vielleicht schon in Brasilien und hat das veruntreute Geld längst ausgegeben.

6. Der Berater will eine Zeichnungsberechtigung am Konto.
Damit übergeben Sie das Zepter an den Berater, der nach Belieben auf Ihr Geld am Konto oder Depot zugreifen kann. Seriöse Berater brauchen das nicht, da sie keine Vermögensverwalter sind.

7. Der Berater hat Ihnen keinen Prospekt angeboten.
Für jedes Produkt, das in Österreich öffentlich angeboten wird (mehr als 100 Personen ist bereits öffentlich), muss ein Prospekt erstellt werden, und der Berater ist verpflichtet, Ihnen diesen anzubieten. Verlangen Sie unbedingt nach diesem Prospekt und lesen Sie ihn genau durch. Alles, was Sie nicht verstehen, lassen Sie sich vom Berater erklären. Seien Sie besonders vorsichtig bei Produkten, die außerhalb der EU aufgelegt wurden. Vorsicht geboten ist auch bei Prospekten in einer Fremdsprache. Im Ernstfall müssen Sie dann über unterschiedliche Auslegungen bei der Übersetzung vor Gericht streiten. Außerdem ist das Fachenglisch der Kapitalmarkt-Menschen meist ein wenig kompliziert. Börsen-Menschen haben ein eigenes Vokabular.

8. Die Preisbildung für das Investment ist manipulierbar.
Auch wenn der Preis eines Wertpapiers an einer Börse gebildet wird, muss dieser nicht mit dem inneren Wert des Investments zusammenstimmen. Der Preis an der Börse kann durch einige von den Emittenten selbst getätigten Käufe gestützt werden,

um neue Investoren zu gewinnen, die dann auf Basis des guten Kursverlaufs geblendet werden sollen. Wird der Preis nicht von einer unabhängigen und von Aufsichtsbehörden überwachten Stelle aus den handelbaren Preisen des Fondsvermögens errechnet, ist Vorsicht geboten. Für die Überwachung der effektiven Preisberechnung gibt es eine EU-weit einheitliche und sehr strenge Richtlinie.

Vorsicht kann vor Schaden schützen.

Selbstverständlich soll mit den vorstehenden Ratschlägen und Warnungen nicht der Eindruck vermittelt werden, dass die Berater der Banken und Finanzdienstleister einer unehrlichen Berufsgruppe angehören. Leider gibt es wie überall schwarze Schafe, und die Versuchung ist dort sehr groß, wo jemand vom verletzten Vertrauen eines anderen Menschen profitieren und sich dabei viel Geld aneignen kann. Die Beispiele aus den letzten Jahren haben gezeigt, dass man am leichtesten getäuscht werden kann, wo das Vertrauen am größten ist. Also: Misstrauen als Vorurteil vergiftet die menschlichen Beziehungen – aber ein wenig Vorsicht schadet nie!

VI. An die Zeit nach der Krise denken

Wir haben an anderer Stelle bereits mehrfach ausgeführt, dass es nicht genügt, sein Vermögen vor der Krise und ihren Folgen für das Geld zu retten. Was für diesen – hoffentlich – eher kurzen Zeitraum gut und nützlich ist, könnte und wird dann für die Zeit danach möglicherweise sehr nachteilig sein. Mit den stark wechselnden Bedingungen für den Werterhalt, aber auch für die Ertragsmöglichkeiten müssen sich auch die Anlageformen und die Verteilung auf die einzelnen Anlageklassen ändern.

Eine nachhaltige Wert- und Ertragssicherung für Vermögen und Geld muss darauf ausgerichtet sein, dass während der Krise die Substanzverluste nicht zu groß ausfallen. Für diesen Zeitraum gilt die Devise: Es kommt nicht darauf an, wie viel an Rendite wir in dieser Zeit verdienen können, sondern dass wir möglichst wenig verlieren!

Genauso wichtig ist es, dass die Vermögenswerte im Kern der Krise ohne größere Verluste erhalten werden, dass aber das Geld in dieser Zeit mehrheitlich nicht total »einbetoniert« ist. Es sollte so viel an Flexibilität erhalten bleiben, dass zum richtigen Zeitpunkt auf notwendige Veränderungen in der Gesamtstrategie auch rechtzeitig reagiert werden kann. Wenn sich plötzlich günstige Kauf- und Einstiegsmöglichkeiten am Wertpapiermarkt oder bei Immobilien auftun, weil in Zeiten wirtschaftlicher Unsicherheit und Rezession die Preise stark gefallen sind, sollte es möglich sein, die vorher angeschafften Geldanlagen möglichst verlustfrei zu Geld zu machen. Wer über genug Vermögen verfügt, das er teilweise in liquider

Form in Reserve halten kann, wird es dabei leichter haben. Da wird eben ein Teil langfristig in wertstabilen Dauerinvestitionen festgelegt und ein anderer, restlicher Teil möglichst kurzfristig verfügbar gehalten.

Wer mangels größerer Vermögensmasse diese Aufteilung nicht im großen Stil vornehmen kann, muss leider eine Kompaktlösung wählen, die mit vermehrten Risiken behaftet ist.

Über all diesen Überlegungen steht die Grundformel, dass das Hauptaugenmerk nicht auf die Bedingungen während der Krise gerichtet sein soll, sondern immer auf die Zeit danach. Die Krise geht vorbei – dann beginnt ein neues Spiel und die Karten werden neu gemischt. Die besseren Karten gibt es aber nicht in der Krise – die muss man sich schon vorher, also jetzt, vor der Krise, sichern. Dann darf neu gemischt werden.

1. Nachhaltige Finanzplanung

1.1 Umgang mit Geld: Finanzplanung ist der erste Schritt

Nachhaltige Finanzplanung erfordert einige grundsätzliche Überlegungen darüber, welchen Stellenwert das Geld innerhalb unseres Vermögensbestandes einnimmt und wie wir damit umgehen wollen. Das ist immerhin auch eine Frage der Lebensplanung – und Finanzplanung ist angewandte Lebensplanung!

Ein Beispiel: Wer sein Vermögen hauptsächlich in seinem Unternehmen gebunden hat, verfolgt sicher andere Strategien als ein privater Anleger. Ein junger, gesunder Mensch hat einen anderen Lebenshorizont als jemand, der kurz vor dem

Ende seines Berufslebens steht und für den Sparen und Anlegen eine ganz andere Bedeutung haben. Wer jung ist, kann noch deutlich mehr riskieren, weil er noch mehr Zeit hat, um Fehler auszubessern und Schäden wegzustecken. Nicht zuletzt haben jüngere Menschen auch andere Konsumbedürfnisse und Ausgabenschwerpunkte.

Wie setzen wir das Geld ein?

Es gibt nach materiellen, wirtschaftlichen Grundsätzen grundsätzlich drei Verwendungsmöglichkeiten für das Geld:

Sofort konsumieren:
Dann ist das Geld weg, aber leider für immer. Auch ein Autokauf ist eine Konsumausgabe, denn auch das Auto verliert sehr rasch seinen Wert.

Auf Zeit verleihen:
Wir stellen unser Geld anderen Menschen auf Zeit zur Verfügung, wir verwandeln sie in Geldwerte, indem wir sie auf ein Sparbuch oder Konto einzahlen, beim Bausparen einlegen oder Anleihen kaufen und langfristige Lebensversicherungen abschließen.

Investieren:
Damit ist gemeint, Sachwerte zu kaufen, die Eigentumsrechte begründen: zum Beispiel Aktien, Immobilien oder Gold.

> *Eine Anmerkung:*
> Nach der anthroposophischen Dreigliederung von Rudolf Steiner, der neben vielen anderen Neuschöpfungen des vorigen Jahrhunderts auch die Bewegung der Waldorfschulen ins Leben gerufen hat, kann man die verschiedenen

Funktionen des Geldes auch über den »biologischen Kreislauf» im Leben eines Menschen definieren.

Kaufgeld:
Das ist die Summe an Geld, das wir ausgeben müssen, um für die notwendigen Dinge unseres Lebens zu bezahlen.

Leihgeld:
Weil wir nicht alles Geld, das wir haben oder für unsere Arbeit verdienen, sofort ausgeben, sondern Reserven für den späteren Bedarf anlegen, schaffen wir Leihgeld. Wir können es anderen Menschen oder ganzen Wirtschaftseinheiten mit oder ohne Gegenleistung von Zinsen oder Gewinnbeteiligung zur Verfügung stellen – je nach Bedarf oder sozialer bzw. karitativer Einstellung. Streng genommen ist auch die Anschaffung von Sachwerten wie Aktien – so sie nur zur Veranlagung von Leihgeld erfolgt – eigentlich Leihgeld.

Schenkgeld:
Irgendwann in unserem Leben werden wir vielleicht erkennen, dass wir zu viel an Leihgeld angehäuft haben – so viel, dass wir es bis an unser Lebensende wohl nur schwerlich oder überhaupt nicht werden ausgeben bzw. sinnvoll verbrauchen können. Spätestens dann wäre es höchst an der Zeit, die »überflüssigen« Vermögenswerte zu verschenken.

Es gibt in unserer engeren, aber erst recht globalen Umgebung sicher viele Menschen, die unser Geld dringender brauchen als wir selbst. Oft werden das unsere eigenen Nachkommen sein. Sollten wir uns noch so beharrlich weigern, unser Leihgeld in Schenkgeld zu verwandeln, werden wir es trotzdem nicht verhindern können. Dann geht es eben auf biologischem Wege an andere Besitzer weiter. Weil wir unser irdisches Vermögen nach unserem Tode nicht mitnehmen können, wird es auf dem Wege des Erbrechts irgendwann doch wieder zu Kaufgeld.

Wir brauchen drei Töpfe für die Planung unserer Geldreserven. Finanzplanung ist Lebensplanung, und Lebensplanung ist auch Zeit- oder Fristenplanung. Wir planen kurz-, mittel- und langfristig, also brauchen wir drei Töpfe für unser Geld.

Der Konsumtopf für die kurzfristige Planung.
Wir brauchen einen Notgroschen, damit nicht jede größere und ungeplante Ausgabe zur Kontoüberziehung führt. Unsere kurzfristigen Konsumausgaben sollten wir nie auf Kredit tätigen. Sobald die laufenden Monatseinkommen über mehrere Monate hindurch nicht ausreichen, um die laufenden Konsumausgaben zu decken, liegt ein strukturelles Budgetdefizit vor, das sehr bald zu einem kritischen Schuldenproblem führen wird. Achtung: So wichtig dieser Topf auch ist, er sollte trotzdem eher eine Restgröße sein, die übrig bleibt, nachdem die beiden folgenden Töpfe gefüllt wurden. Das ist aber eine Frage der persönlichen Planung.

Der Anspartopf für die mittelfristige Planung.
Hier hinein kommt das Geld für den aufgeschobenen Konsum und größere Ausgaben (z.B. eine Urlaubsreise, das nächste Auto, die neue Einrichtung etc.). In diesen Topf kommen nur jene Gelder, deren Verwendungszweck schon heute klar festgelegt ist. Das heißt, das Geld bekommt ein »Mascherl« für einzelne, künftig geplante Anschaffungen. Dieser Topf dient vor allem der Sicherheit, dass dann genug Geld am Konto ist, wenn die größeren Anschaffungen anstehen, die den täglichen Konsum übersteigen. Geld, das diesem Sparziel im Spartopf zugeordnet wurde, kann nur verliehen, also in Geldwerte wie

Sparbuch, Anleihen, Bausparen etc. veranlagt werden. Investitionen in Sachwerte scheiden aus, da der Preis, zu dem wir sie wieder verkaufen können oder müssen, nicht fixierbar ist. Bei Aktien könnte der Kurs gerade dann sehr niedrig sein, wenn wir das Geld zur Anschaffung brauchen. Das heißt, es gibt mehrere Sparbücher oder sonstige Ansparverträge, deren Ablaufdatum definiert ist. Falls es keine detaillierten Anschaffungspläne gibt, dann gilt die Faustregel, dass der Spartopf auf zumindest sechs Monatseinkünfte aufgefüllt werden sollte.

Der Zukunftstopf.
Das ist der Topf für die langfristige Vorsorge. In diesen Topf gehört auch das langfristige Ansparen auf die Zusatzpension oder auf die Anschaffung von Wohnraum (Haus oder Eigentumswohnung) sowie das Ansparen auf die Einrichtung. Weil das Ansparen für eine Wohnung zu lange dauern würde, obwohl sie sofort gebraucht wird, muss die Anschaffung über Kredit finanziert werden. Dann müssen die monatlichen Rückzahlungen vom Einkommen laufend abgespart werden. Ohne Sparen geht es also in keinem Fall.

Der Zukunftstopf gibt auch zwischendurch Sicherheit, wenn das Einkommen über bestimmte Perioden unserer Berufstätigkeit ausfällt, sowie im dritten Lebensabschnitt, wenn es kein aktives Berufseinkommen mehr gibt. Langfristige Ziele wie Pensionssparen, Sparen auf Eigenheim oder Existenzgründung sind hier ebenso enthalten wie Versicherungen.

1.2 Wie gehen die Reichen mit ihrem Geld um?

Das Liechtensteiner Investmenthaus Valluga hat im Frühling 2011 eine Studie veröffentlicht, wonach es in Österreich 73 900 Millionäre gibt. Ihr Vermögen ist allein 2010 um 9,5 % gewachsen – sie sind jetzt wieder deutlich reicher als vor der Krise des Jahres 2008.

Diese Gruppe der reichsten Österreicher hat also nachweislich alles richtig gemacht. Ihnen gehören übrigens ⅔ des österreichischen Finanzvermögens.

Bei der Suche nach einer nachhaltigen Finanzplanung sind die reichsten Österreicher zuletzt jedenfalls grundsätzlich konservativ vorgegangen. Sie haben vor allem in Sachwerte investiert, die im Kern eine hohe Wertsicherung garantieren können. Beispielsweise besitzen die reichen Österreicher mehr Gold als die Nationalbank:

Während die Österreichische Nationalbank im Frühling 2011 einen Goldbestand von 280 Tonnen ausweist, lagerten bei den privaten Goldbesitzern zur selben Zeit 320 Tonnen dieses Edelmetalls. Im Zuge der weiteren Preisentwicklungen dürften es mittlerweile wesentlich mehr sein. Die liechtensteinische Valluga-Studie weist für die Zusammensetzung der Super-Vermögen in Österreich einige sehr interessante Details auf, die Aufschluss über das Risikobewusstsein dieser Menschengruppe geben:

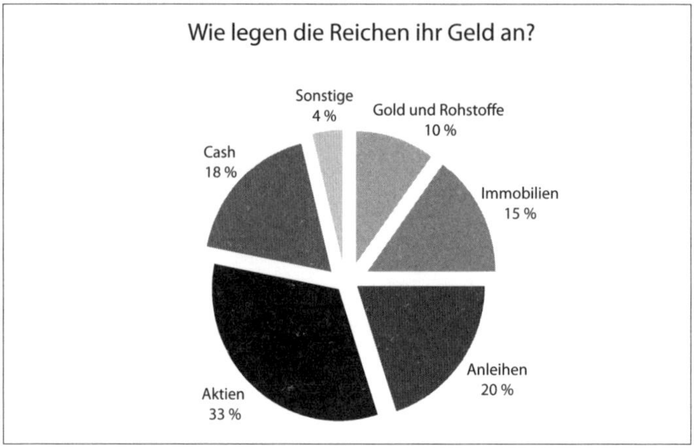

Quelle: Investmenthaus Valluga.

Was auf den ersten Blick überraschen mag, das ist der hohe Cash-Anteil im Vermögen, der bereits erahnen lässt, dass die Reichen im Lande sehr wohl eine baldige Finanz- und Wirtschaftskrise erwarten und sich rechtzeitig auf einen hohen Liquiditätsbedarf einzustellen beginnen. 18 % Cash erscheinen tatsächlich hoch gegriffen und dürften vermutlich nur für diese Sonderklasse-Geldpatienten zutreffen.

Der Bestand an Gold und Rohstoffen im Ausmaß von 10 % entspricht durchwegs den Empfehlungen der Analysten zu diesem Zeitpunkt, wobei auch Gold eine sehr liquide Anlageklasse darstellt und jederzeit auch kurzfristig in Geld umzuwandeln ist.

Die 15 % an Immobilienbestand sind in jedem Fall als vernünftige Beimischung zum Großportfolio zu bezeichnen. Dieser Teil des Vermögens muss in jedem Fall längerfristigen Bestand haben können und soll die kommende Krisenzeit gut überdauern. Wenn hier die richtigen Objekte ausgesucht wurden – mit entsprechend langfristigem Wertsteigerungspotenzial –, dann ist das auch ein stabiler Vermögensbodensatz.

Was echt überrascht, ist ein Portfolio-Anteil von über 50 %, der in Anleihen und Aktien investiert wurde. Das lässt auch den Schluss auf die angestrebte Doppelfunktion dieser Anlageklassen zu: Kurzfristige Unternehmensanleihen mit guter Verzinsung können auch gute Renditeaussichten vermitteln. Anleihewerte mit sicherer Rendite und stabilen Risiken sind jederzeit leicht und ohne Verluste bei Bedarf auf dem Markt unterzubringen. Das gilt erst recht für Qualitätsaktien von Unternehmen, deren Gewinne auch in Stagnationsphasen nicht einbrechen, weil sie in Zeiten ohne Wirtschaftswachstum gut überleben.

1.3 Die eiserne Vor- und Nach-Krisen-Regel

Das Grundprinzip der nachhaltigen Krisenvorsorge bleibt auf alle Fälle gewahrt – vor der Krise soll das Vermögen aufgeteilt werden

- in möglichst flexible und hoch liquide Vermögensteile für die Zeit der Krise selbst
- und in wertstabiles Vermögen für die Zeit nach der Krise.

Das Krisenvermögen in Cash und anderen liquiden Werten soll ein rasches Reagieren bei Portfolio-Veränderungen ermöglichen.

Dabei sind auch mögliche Verluste einzukalkulieren. Solche Verluste werden in Kauf genommen, wenn bei einem Neuinvestment höhere Gewinnchancen zu erwarten sind als die Verluste bei der Auflösung bestehender Anlagen. Solche Verluste nennt man Opportunitätskosten.

Krisenvermögen in nicht liquiden Werten wie Immobilien dienen dem langfristigen Werterhalt für die Zeit nach der Krise. Es wäre absolut falsch, den gesamten Vermögensbestand in Immobilien anzulegen, weil damit die Flexibilität für die Veranlagungsentscheidungen verloren geht und zwischendurch schwere Liquiditätsprobleme auftreten könnten. Wer dringend Bargeld braucht, kann dann wertvolle Immobilien auf Druck vermutlich nur mit Verlust verkaufen. Ein Verkauf von Qualitätsimmobilien muss in jedem Fall ausgeschlossen werden können.

Werte wie Gold oder Aktien haben je nach geplanter Verwendung eine Doppelfunktion: Aktien sind grundsätzlich liquide Werte. Sie sollten aber möglichst nur mit Gewinn verkauft werden. Für eine Langfristinvestition als Wertsicherung sind sie ebenso geeignet. Aktien sind Unternehmensanteile, die nicht vom Wert irgendwelcher Währungen abhängig sind. Sie sichern nicht nur gegen Wertverlust, sondern auch gegen Währungsrisiken ab.

Das gilt im selben Maß für Gold:

- Gold in physischer Qualität ist reines Eigentum und nicht an irgendwelche Schuldner geknüpft.
- Es gewährt kurzfristige Liquidität und langfristige Wertsicherung.
- Gold ist ein Realinvestment und generell nicht geeignet für die Spekulation.
- Ein Teil des Goldes sollte daher in kleineren Einzelmengen für kurzfristige – auch spekulative – Zwecke angeschafft werden.
- Der andere – größere – Teil müsste der langfristigen Werterhaltung zugeordnet werden, der nicht für den raschen Wiederverkauf gedacht ist.

2. Wahre Werte: Sicherheit ohne direkte Rendite

Wertbeständigkeit und Sicherheit sind für die meisten Menschen wohl das wichtigste Kriterium bei der Verwaltung und Anlage ihres Vermögens. Eine Vermehrung des Vermögens steht naturgemäß erst an zweiter Stelle. Wer sein Vermögen in ausreichend große Einzelteile zerlegen kann, wird auf beide Kriterien Wert legen und Anlageklassen für beide Interessen wählen. Im Idealfall lassen sich die Kriterien auch kombinieren.

Im folgenden Kapitel geht es um Anlagegüter, die einen hochgradigen Werterhalt aufweisen, die aber grundsätzlich keine Zinsen abwerfen und mit denen eine Rendite allenfalls indirekt erwirtschaftet werden kann: einerseits durch einen Wertzuwachs, der aber nur bei Verkauf des Anlagegutes als Rendite kassiert werden kann, andererseits, indem Miet- oder Pachteinnahmen für deren Überlassung möglich sind.

Wir sprechen hier von Edelmetallen wie Gold und Silber und von edlen Steinen, von Immobilien, von Kunst und Antiquitäten und von Sammlerobjekten.

2.1 Gold, das bessere Geld?

Seit mehr als 6000 Jahren hat Gold im Gegensatz zu fast allen anderen Gütern seinen Wert nie verloren – es ist das wertbeständigste materielle Gut dieser Erde. Weltweit gibt es nach offizieller Schätzung 170 000 Tonnen an Goldvorräten, eine Menge, die man leicht in einer mittleren Halle unterbringen könnte.

Trotzdem kann man nicht sagen, dass Gold ein seltenes

Gut ist. Es ist sogar eines der am weitesten verbreiteten Güter der Welt. Aber im Gegensatz zu anderen Metallen und Rohstoffen wird Gold nicht durch Verbrauch vernichtet, es hat keine große Bedeutung für die industrielle Verarbeitung. Die Menschen gehen sehr vorsichtig damit um und lassen auch kleinste Mengen wieder einschmelzen, wenn sie beispielsweise gebrochenen oder unmodernen Schmuck nicht mehr verwenden wollen. Recycling spielt gerade bei Gold eine große Rolle für die jährliche Aufbringung von zusätzlichen Mengen.

Was macht Gold so wertvoll, wo es doch nur 170 000 Tonnen weltweit davon gibt – allerdings verteilt auf viele einzelne Besitzer?

Gold ist so wertvoll, nicht weil es, weltweit gesehen, so wenig davon gibt, sondern weil der jährliche Zuwachs an Gold im Verhältnis zum Bestand so gering ist. Das ist schon seit vielen Jahrhunderten so, und daran wird sich auch in Zukunft nicht viel ändern.

Die »Stock-to-Flow-Ratio«.

Als Messzahl für die Vermehrung des Goldbestandes pro Jahr dient das Verhältnis von Goldbestand zur Goldmenge, die jedes Jahr neu auf den Markt kommt, die sogenannte »Stock-to-Flow-Ratio«.

Geht man von einem Goldbestand von 170 000 Tonnen aus, und einer Neu-Produktionsmenge von 2586 Tonnen im Jahr 2010, würde es nach derzeitigem Stand 65 Jahre dauern, bis sich der Goldbestand verdoppelt hat.

Eine natürliche Inflationierung der Goldmenge ist damit ziemlich unwahrscheinlich und das garantiert eine hohe Versorgungssicherheit. Dazu nur ein paar Zahlen: Der Goldbestand wächst im Durchschnitt um 1,5 % pro Jahr das deckt sich auffällig mit dem Bevölkerungswachstum. Selbst wenn die Minenproduktion plötzlich um 50 % oder gar um 100 % steigen würde, könnte das den Goldbestand nur unwesentlich vergrößern. Ebenso unerheblich wäre auch der Ausfall einer gesamten Jahresproduktion. Darin unterscheidet sich Gold auch grundlegend von den anderen Metallen: Bei einem Ausfall der Kupferproduktion aus technischen oder naturbedingten Gründen wären die Lagerbestände schon nach 30 Tagen aufgebraucht. Die Kupferpreise würden in astronomische Höhen schnellen. Andererseits führen schon relativ kleine Produktionsausweitungen und zusätzliches Angebot bei Kupfer zu enormen Preisveränderungen an den Rohstoffbörsen. Das trifft auf den Goldpreis nicht zu.

Gold ist Geld – und kein Industrierohstoff.

Gold hat eine Reihe von Eigenschaften, die es von herkömmlichen Rohstoffen unterscheidet:

Die Gold-Tugenden.

- Gold verdirbt nicht – auch nicht in Jahrtausenden.
- Gold kann einfach bearbeitet und recycelt werden.
- Gold stellt auch in kleinen Mengen einen hohen Wert dar. Ein Goldbarren zu 1 kg ist klein und doch ca. 40 000 US-Dollar wert.
- Gold hat daher geringe Lagerkosten im Verhältnis zum Wert.
- Gold-Qualität wird durch klare Normen geregelt, die einfach zu überprüfen sind (Feingehalt durch offizielle Punzen).
- Gold ist nicht beliebig vermehrbar.

Was bestimmt den Goldpreis?

Preisstabilität und Versorgungssicherheit sind eine zentrale Voraussetzung für die Bildung von Vertrauen. Nach herkömmlicher Marktlehre hängt das Vertrauen in die künftige Kaufkraft des Goldes davon ab, wie viel derzeit als Vorrat vorhanden ist, aber noch viel mehr, wie sich die künftige Goldmenge entwickeln wird. Rohstoffe werden verbraucht, Gold wird gehortet. Im Gegensatz zu Geld vermehrt sich die Menge des Goldes nur sehr geringfügig – daher das hohe Vertrauen.

Die Marktmodelle von Angebot und Nachfrage funktionieren bei Gold nur sehr bedingt. Seit langem bestimmt zum Beispiel nicht die veränderte Angebotsmenge den Preis, sondern umgekehrt: Der Goldpreis bestimmt die zusätzlich von den Minen geförderten Mengen.

Der Goldpreis ist in US-Dollar seit 2000 um mehr als 450 % gestiegen. Die Angebotsmenge an neuem Gold ist erst ab 2010 gestiegen – und auch da zunächst nur die Menge an Recycling-Gold. Die Zentralbanken haben 2010 keine Goldbestände mehr verkauft, sondern netto sogar Gold vom Markt aufgekauft.

Angebot	2000	2010
Minenproduktion	2620 t	2672 t
Recycling	629 t	1657 t
Zentralbank-Verkäufe	479 t	−76 t
Summen	3713 t	4253 t
Goldpreis durchschnittlich	284 USD	1226 USD

Die Kosten für den Abbau von Gold in den Minen allein lagen im Jahr 2010 bei 558 US-Dollar je Unze. Insgesamt werden die Gesamtkosten auf zirka 1200 USD geschätzt. Die zuletzt so stark gestiegenen Goldpreise erlauben mittlerweile den Abbau von Lagerstätten, deren Goldgehalt bisher nicht rentabel genug war. Die zusätzlich geförderten Goldmengen wird das aber kaum erhöhen.

Der Goldgehalt des geförderten Gesteins lag 1950 bei 8 Gramm je Tonne. Der Goldgehalt lag 2010 nur noch bei 0,8 Gramm je Tonne.

Goldproduzenten horten ihr eigenes Gold.

Im Jahr 2000 wurden 19 % des neu in den Minen produzierten Goldes von den Schwellenländern wie China, Russland, Peru und Indonesien gefördert. 2010 ist dieser Anteil bereits auf 36 % gestiegen. Welthauptproduzent und Nummer 1 ist nach wie vor China, Russland ist Nummer 4 in der globalen Produzentenliste. Beide Goldgiganten verkaufen aber seit Jahren keine einzige Unze auf dem Weltmarkt, im Gegenteil: beide Nationen sind Netto-Importeure.

Der Goldpreis hat noch viel Potenzial nach oben.

Der Goldpreis lag bei Redaktionsschluss für dieses Buch Ende Juli 2011 bei mehr als 1600 US-Dollar für die Feinunze. Die Goldexperten der Erste Group haben damals in ihrer hervorragenden Studie, dem Gold-Report 2011, einen Preis von 2000 US-Dollar im 12-Monats-Abstand prognostiziert bei einem Langfrist-Kursziel von 2300 Dollar.

Was spricht für einen weiter steigenden Goldpreis?

- Die Überschuldung der großen westlichen Industrieländer,
- die massiven Geldmengenausweitungen bei Dollar und Euro,
- die zunehmende Monetarisierung von Gold als Folge des Vertrauensschwundes in Dollar und Euro,
- Goldgeld als Geldreserve,
- die zumindest teilweise und vielleicht mögliche Rückkehr zu Golddeckung und Goldstandard
- und der allgemeine Trend zum Horten von Gold zur Wertsicherung der Vermögen, mit starker Verlagerung der Nachfrage auch in bisherige Schwellenländer wie China und Indien,
- bei nur geringfügiger jährlicher Vergrößerung der Goldbestände
- und durchwegs negativer Realzinsen.

Wie verhält sich der Goldpreis zu anderen Werten?
Hier werden Relationen errechnet, indem man den Wert des Goldes durch den jeweils anderen dividiert. Die Aussagen, die daraus abgeleitet werden können, sind sehr deutlich:

Gold : Dow Jones (Aktien) = 8,1 : 1 Mittelwert 6
1980, als der Goldpreis 820 Dollar erreichte, lag die Relation bei 1,3, weil der Dow-Jones-Index sich damals auf deutlich niedrigerem Niveau bewegte.

Gold : Silber = 43 : 1 Mittelwert (seit 1688) 16
Der langfristige Mittelwert deckt sich ziemlich genau mit dem Verhältnis des Bestandes an Gold und Silber: Das heißt, das Silber kommt in der Erde 17mal häufiger vor als Gold. Die Preisrelation schwankt historisch gesehen sehr stark.

Silber wird wie Gold als Münzmetall verwendet.

Silber hat parallel dazu auch eine große Bedeutung für die Industrie. Der Preis für Silber erlebt in Hochkonjunkturzeiten große Preissteigerungen und fällt sehr stark in Krisenzeiten.

Der Goldpreis erfährt jeweils einen Preishöhenflug in Krisenzeiten und geht in Hochkonjunkturzeiten bestenfalls seitwärts.

Gold : Rohöl = 13 : 1 Mittelwert 14

Gold und Rohöl zeigen auffällige gegenseitige Abhängigkeiten.

1986 konnte man bei einem sehr niedrigen Ölpreis 40 Barrel Rohöl je Unze Goldes kaufen.

2008 beim Höchststand des Ölpreises waren es nur 6 Barrel je Unze.

Öl und Gold werden in USD gehandelt.

Beide Preise steigen, wenn der USD gegen andere Währungen schwächer wird.

Wenn der Ölpreis steigt, steigt auch die Inflation.

Wenn die Inflation steigt, dann steigt der Goldpreis: Daher könnte beim nächsten »Peak-oil« auch »Peak-gold« eintreten.

Das Verhältnis von Gold zu Öl zeigt die stabile Kaufkraft des Goldes. Mit einer Unze Gold konnte 2011 jeweils die gleiche Menge Rohöl gekauft werden wie 1945, 1983 und 2002.

Goldpreis : verfügbare Einkommen = 26 : 1

Die Kaufkraft der Einkommen hat gegenüber Gold stark verloren.

2000 konnten mit einem durchschnittlichen verfügbaren Einkommen noch 100 Unzen Gold gekauft werden. 2011 waren es nur noch 26 Unzen.

Gold : Preis für Eigenheim (in USA) = 173 : 1 Mittelwert 403
2011 zahlte man 173 Unzen Gold für ein US-Eigenheim.

2001 zahlte man 800 Unzen Gold für ein US-Eigenheim.

1980, beim letzten Goldpreishöchststand, waren es 100 Unzen.

Ein Exkurs: Das Verhältnis von Gold zu Oktoberfest-Bier
Die Experten vom Erste-Group-Gold-Report haben für alle Freunde des Münchner Oktoberfestes noch eine »Gold : Wiesenmaß-Relation« errechnet, die ich Ihnen nicht vorenthalten will.

Ein Maß Bier hat 1950 umgerechnet 0,89 Euro gekostet. Die Maß Bier hat 2010 stolze 8,60 Euro gekostet. Inflationsbereinigt konnte man 2010 gute 113 Maß Bier für 1 Unze Goldes kaufen. Der Mittelwert für die letzten Jahre lag bei 85 Maß Bier.

2011 wird die Bierkaufkraft des Goldes noch deutlich größer sein. Der Goldpreis ist seit Herbst 2010 sicher stärker gestiegen als der Preis beim Wiesenbier. 1980, beim letzten Goldpreis-Alltime-High, lag die Bierkaufkraft des Goldes sogar bei 227 Maß je Unze Gold. Die Experten der Erste Group prophezeien den Biertrinkern auf der Festwiese jedenfalls schäumende Zeiten.

Marktsignale, die man als Anleger beachten sollte.
Der Aufwärtstrend war seit Anfang 2011 wieder stärker als zuvor. Es ging immer weiter aufwärts. Praktisch alle Währungen haben zuletzt gegenüber dem Goldpreis an Wert verloren.

Die Stimmung im Goldmarkt ist trotzdem nicht überschäumend, und sie hat sich auch nach den deutlichen Preisanstiegen nicht wesentlich gebessert. Wenn es zu rasch nach oben gegangen ist, kam sofort wieder der nächste Rückschlag durch Gewinnmitnahmen. Und schon bei leichten Korrekturen bricht die Stimmung sofort wieder weiter ein. Das alles sind eigentlich deutliche Anzeichen für ein Anhalten des Aufwärtstrends beim Goldpreis.

Sobald die beiden Trends brechen –

1. der Wertverlust der Währungen gegenüber dem Gold und
2. die flaue Stimmung der Anleger –,

dann sollte man dringend an Konsequenzen denken.

Es ist wie bei den Aktien: Wenn die Analysten in den Medien zum Kauf raten, ist es höchste Zeit, Gewinne mitzunehmen und zu verschwinden.

Der Goldwert war langfristig immer stabil – aber mittelfristig schwanken die Goldpreise gewaltig.

Der Goldpreis weist im mittelfristigen Verlauf sehr große Schwankungen auf. Wenn jemand beispielsweise für sein Geld, das er erst in zehn Jahren brauchen wird, Gold kauft, kann es passieren, dass genau dann der Goldpreis sehr niedrig ist. Dem Anleger bleibt die Wahl, entweder sein Gold mit Verlust zu verkaufen oder so lange zu warten, bis die Preise wieder stimmen. In dem einen Fall wird vielleicht aus einem geplanten Mittelklassewagen ein Kleinwagen, im anderen Fall braucht man das Geld möglicherweise ohnedies nicht mehr, weil das Warten zu lange gedauert hat. Wir sollten immer daran denken, dass es von 1980 bis 2011 gedauert hat, bis zum nächsten Alltime-High.

Wir sehen zwar seit dem September 2001 eine deutliche Bewegung nach oben, wir sollten aber berücksichtigen, wie lange sich der Goldpreis vorher auf einem ganz anderen Niveau gehalten hatte. Wir sehen auch die Schwankungen, die der Goldpreis zwischendurch immer wieder erfahren hat.

Gold, das man zur langfristigen Wertsicherung gekauft hat, sollte man nicht zwischendurch verkaufen müssen, auch wenn die Preise fallen. Wer verkauft, hat sicher verloren. Gold ist auch für die Zeit der Krise selbst notwendig. Mit Extra-Mengen kann man kurzfristig flexibel umgehen und schon ruhig einmal ein wenig spekulieren.

Quelle: Markt-Daten.de

Nur physisches Gold ist vor Betrugs- und Bonitätsrisiken sicher. Wer sich Gold-Bezugsscheine einreden lässt, könnte im Falle eines Bank- bzw. Emittenten-Konkurses böse Überraschungen erleben. Und legen Sie es aus dem gleichen Grund nicht in ein Banksafe. Es könnte theoretisch und praktisch passieren, dass die Bank behördlich geschlossen wird, dann haben die Kunden auch keinen Zutritt zu ihren Bankschließfächern.

Nur gestohlen kann Ihr Gold werden. Ich kann daher nur raten: Mauern Sie Ihr Geld zu Hause ein oder vergraben Sie es im Keller oder im Garten. Vergraben Sie es nachts, damit Ihnen niemand zusehen kann. Aber eines sei dringend angemerkt: Vertrauen Sie irgendjemandem Ihr Geheimnis an, jemandem, auf den Sie sich verlassen können, oder schreiben Sie es in das Testament. Ihre Nachkommen werden traurig sein, wenn sie die vergrabenen Gold-, Silber- und Edelsteinschätze nicht finden. Und denken Sie auch daran, wie schnell man heutzutage auch bei einem Unfall aus heiterem Himmel zu Tode kommen kann! Aber Achtung – Ihr Gold kann im Ernstfall vom Staat gestohlen werden.

Wenn der Staat Ihr Gold stehlen will.

Die Gefahr heißt «Goldverbot». Der Staat hat schon öfters den privaten Besitz von Gold bzw. Silber verboten, wie auch 1933 unter Roosevelts New Deal. Präsident Franklin D. Roosevelt ließ am 9. März über die Executive Order 6102 den privaten Goldbesitz konfiszieren. Dabei wurden auch alle Bankschließfächer versiegelt. Verboten wurde der private Besitz von Gold und Silber übrigens auch im Naziregime von Adolf Hitler in Deutschland und von Mussolini in Italien. In der kommunistischen Sowjetunion gehörte das ohnedies zum ideologischen Inhalt.

Eine andere Form, die Anlage in Gold obrigkeitlich zu lenken und zu kontrollieren, wäre beispielsweise die Festsetzung von Mindest- und Höchstpreisen für das Gold (200 bis 5000 USD). Das könnte den Markt ebenfalls nachhaltig zerstören, ohne dass der Staat direkte Gewalt gegen seine Bürger einsetzt.

Wie bringe ich mein Gold in Sicherheit – auch vor dem Staat?

Es gibt eine Lösung gegen die Gefahr von Goldverbot: ein Banktresor in der Schweiz. Der Vorteil: Man entzieht sich dem Hoheitsgebiet des eigenen Staates und kann das völlig legal tun. Gold bringt keine Zinsen – es fällt keine Kapitalertragsteuer an – und ist daher nicht in die Steuererklärung aufzunehmen. Die Abwicklung ist ohne Reise in die Schweiz möglich, zum Beispiel über ein Treuhanddepot mit jederzeitigem Ausfolgerecht in der Schweiz, wie es beispielsweise die Capital Bank anbietet.

Eine sichere Lösung bietet auch die Gold-Anlage über das schon mehrfach erwähnte ETF – das bedeutet, die Möglichkeit der Auslieferung in physischer Hinterlegung. Solche ETFs bietet beispielsweise die Züricher Kantonalbank sehr günstig an. Beim Kauf des Goldes kann zusätzlich »gehedged« werden, das heißt, man schließt beim Kauf eine Spekulation über die Währungskomponente ein, wenn man das Gold in Dollar oder Schweizer Franken kauft. Allerdings kann man sich derart auch ein ungewolltes zusätzliches Währungsrisiko einhandeln.

Edelmetalle kaufen und verkaufen: eine Sicherheitsfrage. Der Kauf und Verkauf von Gold und Silber ist eine ganz normale Dienstleistung der Hausbank, bei der man sein Konto hat und alle Zahlungen abwickelt. Die Bank wird den Kauf verlässlich zu den richtigen Kursen durchführen und das Gold dann physisch dem Kunden übergeben oder auf Wunsch auch gleich in ein Schließfach legen. Beim Kauf von 1 kg Barrengold lag die Marge im Sommer 2011 bei 1,35 % bis 2,00 % im Durchschnitt, bei Münzen selbstverständlich deutlich höher. Die Marge versteht sich als Unterschied zwischen dem Ankaufs- und Verkaufspreis für das Gold. Die Marge ist beim Goldkauf in Barren aber »verhandelbar«, vor allem, wenn es um größere Mengen und Beträge geht.

Gold kaufen kann man selbstverständlich auch bei der »Münze Österreich«, die das gemünzte Gold und Silber produziert. Hier bekommt man alle Münzen, die jeweils in direkter Produktion auf den Markt kommen. Bei Sonderprägungen, die unter Sammlern sehr beliebt sind, ist oft stunden- und tagelanges Anstellen vor den Schaltern angesagt. Neue und alte Münzen – also vom Sekundärmarkt – gibt es bei den Münzhandlungen zu kaufen. Dort können neben dem österreichischen »Philharmoniker« auch »Bullion-Münzen«, (Münzen mit dem Goldgewicht einer Unze) aus anderen Staaten ge- und verkauft werden. Beliebt sind hier vor allem der »Maple-Leaf« aus Canada oder der »Kruger-Rand« aus Südafrika.

Wer Gold und andere edle Metalle nicht nur kaufen, sondern vor allem auch verkaufen will, geht in Österreich mit seinem Gold – vornehmlich »Bruchgold« aus altem und nicht mehr gebrauchtem Schmuck oder eben gebrochenen Stücken – zur ÖGUSSA, der Österreichischen Gold- und Silberscheideanstalt. Die ÖGUSSA mit ihren Filialen in den Bundesländern stellt Barren, Halbfertig- und Fertigprodukte aus Gold, Silber, Platin, Palladium oder auch Rhodium her und verkauft sie natürlich zu den festgelegten Marktpreisen.

Selbstverständlich könnte man zur Wertsicherung seines Geldes dieses auch in Platin oder Palladium anlegen, weil auch dort sehr hohe Preise zur Verrechnung kommen und diese Edelmetalle auch höchst wertbeständig sind. Es gibt allerdings ein Problem: Platin und Palladium sind enormen Marktschwankungen ausgesetzt, die in ihrer Transparenz nur von wenigen eingeweihten Investoren-Gruppen durchschaubar sind: Der Markt wird von diesen wenigen Großspekulanten-Gruppen auch sehr willkürlich gesteuert, so ähnlich wie beim Silber.

Eine Nachbemerkung:

Der Besitz von Gold hat die Menschen zu allen Zeiten fasziniert. Für Gold aus fremdem Besitz ist auch seit Tausenden Jahren immer wieder gemordet worden. Die Gier nach Gold macht grausam.

Unstillbar war auch die Sehnsucht vieler gelehrter Menschen, die selbst Gold aus allen möglichen Chemikalien herstellen wollten. Unzählige Alchimisten waren zu allen Zeiten seit dem Mittelalter darauf aus, eine Formel zu finden, wie man Gold im Reagenzglas herstellen konnte: eine Zauberformel, die unendlichen Reichtum versprach. Allein, bisher hat es niemand geschafft.

Eine wissenschaftliche Studie vom Oktober 2009 könnte aber ein erstes Signal für das Ende dieser bloßen Wunschvorstellung sein. Das Bakterium »Cupriavidus metallidurans« kann Gold herstellen. Noch allerdings in viel zu kleinen Mengen. Es geht, aber es ist einfach noch viel zu teuer. So wird es noch lange dauern, bis die Mikrobiologen die Alchimisten ablösen.*

2.2 Silber für die Wertsicherung: eine gefährliche Sache

Silber wird wie Gold zur Herstellung von Münzen verwendet und ist damit auch Geld. Aber Silber ist auch ein Industrierohstoff und daher weit größeren Unsicherheiten und Preisschwankungen ausgesetzt als Gold. Selbstverständlich kann man sein Geld auch in Silber anlegen, aber das hat in der Praxis weniger mit Sicherheit als mit Spekulation zu tun. Ein Blick auf die langfristige Preisentwicklung beim Silber zeigt eine deutliche Übereinstimmung mit dem Goldpreis. Das kommt daher, dass Silber eben auch ein Ersatzgut für Gold ist. Als den Anlegern der Goldpreis zu rasch in die Höhe ging und sie den

* Quelle: »Mechanisms of gold biomineralization in the bacterium Cupriavidus metallidurans«.

Großteil der Preisentwicklung nach oben verschlafen hatten, verlegten sich viele Schlaumeier auf Silber. Aber sie hatten die Rechnung nicht mit den ganz großen Spekulanten gemacht. Diese setzten in kürzester Zeit eine Verschlechterung der Kaufbedingungen für Silber-Termingeschäfte durch, sodass diese nur einem kleinen Kreis von Großanlegern vorbehalten blieben.

So ähnlich war es auch den vielen Silber-Spekulations-Trittbrettfahrern ergangen, die sich 1980 im Windschatten der Brüder Hunt mit dem Edelmetall eine silberne Nase verdienen wollten. Trotzdem ist der Silberpreis dann – in aller Stille zwar und für intime Marktkreise – kräftig in die Höhe gegangen, wie man am Chart sehen kann.

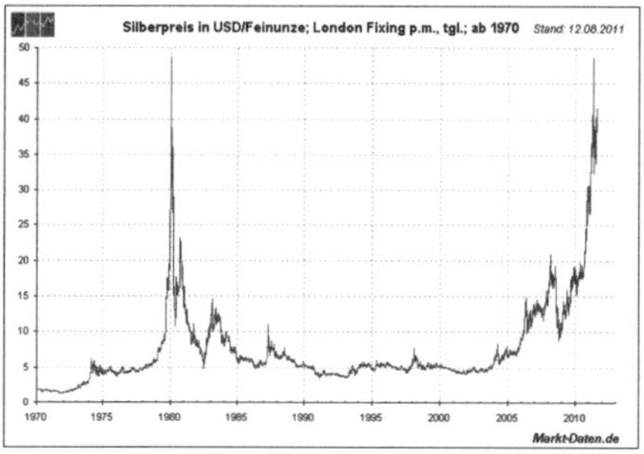

Quelle: Markt-Daten.de

Das Gold-Silber-Paradoxon.

Historisch betrug das Preisverhältnis zwischen Gold und Silber zumeist 15–17:1. Als die Währungen noch in Gold und Silber gedeckt waren, wurde bis 1975 das Verhältnis mit 16:1

eingefroren. Heute beträgt das Verhältnis zwischen Gold und Silber rund 43 : 1!

Zudem werden die weltweit bekannten Minen in rund zwölf Jahren erschöpft sein. Tiefere Grabungen machen beim heutigen Silberpreis keinen Sinn. Das Paradoxe an der höheren Bewertung von Gold ist, dass Gold nicht verbraucht wird wie Silber und daher die Lagerbestände von Gold weltweit rund 43-mal höher sind als die von Silber. Der Wert des heutigen weltweiten Goldbestands beträgt damit mehr als das 3000-Fache des Silberbestands.

Wie kauft man Silber?

Silber kann man selbstverständlich so wie Gold physisch erwerben – in Form von Barren in unterschiedlicher Größe, mit unterschiedlichem Gewicht und zum entsprechenden Wert. Auch hier wird der Feingehalt durch genau geregelte Punzierungen garantiert.

Silber kann man auch indirekt, über Aktien einer Silbermine, über Fondsanteile für Silberaktien oder in Form von Zertifikaten kaufen.

Silber wird aber im privaten Kundenverkehr hauptsächlich in geprägter Form gekauft und gehortet. Silbermünzen haben in Österreich so wie Goldmünzen schon immer eine lange und gute Tradition gehabt – aber hauptsächlich als Sammlerobjekte. Es gab schon vor Einführung des Euro viele Silbermünzen mit aufgeprägtem Nominalwert in Schilling. Im normalen Geldumlauf wurden aber nur Münzen zu 5 und zu 10 Schilling verwendet, da ihr reiner Silberwert immer deutlich unter dem Nominalwert gelegen ist. Münzen zu 25, 50, 100 und 500 Schilling sind schon damals als Sammelstücke in den privaten Vorratsschatullen gelandet.

Die 5- und 10-Euro-Münzen waren zwar nach 2002 geprägt

worden, sind aber praktisch nicht im Zahlungsverkehr verwendet worden. Sie sind 2010 nach dem Anstieg des Silberpreises völlig aus dem Verkehr verschwunden und auch nicht mehr nachgeprägt worden, weil ihr Silberwert höher war als der aufgeprägte Nominalwert.

Seit Oktober 2010 ist der Ankauf von Silber-Euro-Münzen eigentlich nur noch eine Angelegenheit für Sammler. Die Münze Österreich hat bei der Ausgabe der neuen Silber-Euro-Münzen nämlich eine Steigerung des Silberwertes eingepreist, die für reine Silber-Spekulation praktisch unrentabel scheint. Dazu kommt, dass die neuen Münzprägungen praktisch nur noch in Sonderqualitäten angeboten werden, also nicht mehr als Umlaufmünze für den Zahlungsverkehr, sondern nur noch »handgehoben« oder »mit polierter Platte« hergestellt werden. Dementsprechend sind auch die Preise ausgefallen.

Am 11. Oktober 2010, als die neuen 10-Euro-Münzen »Karl der Große« erstmals ausgegeben wurden, lag der Ausgabepreis bei 17,80 Euro. Bei einem Gewicht von 16 Gramm und einem Feingehalt von 925 Tausendstel bedeutete das einen Silberwert von 12 Euro.

Die Ausgabe der 20-Euro-Münzen im April 2011 erfolgte nur noch in der Qualität »mit polierter Platte«. Dem Ausgabepreis von etwa 48 Euro für die Münze zu 20 Euro stand ein reiner Silberwert von 14 Euro gegenüber.

Die Anlegerchancen, die es noch 2010 mit Euro-Münzen der »Monnaie de Paris« oder den Schweizer-Franken-Münzen in Silber gegeben hatte, sind mit der Anpassung der Preisaufschläge als reine Geldwertanlage auch dort nicht mehr intakt.

2.3 Brillanten – als »Flucht«-Geldanlage bewährt

Wer Gold als »Fluchtgeld« im wahrsten Sinn des Wortes sieht, sollte daran denken, dass Gold sehr schwer ist. Wenn man für etwa 40 000 Euro im Spätsommer 2011 ein Stück mit 1 Kilogramm Gold einstecken musste, dann kann man sich ausrechnen, dass schon für 400 000 Euro in Gold ein Übergewicht von 10 Kilogramm im Fluggepäck abgefertigt werden muss.

Für kleinere und mittlere Vermögen mag das zu bewältigen sein, aber wer hohe Werte etwa bei einer Reise ins Ausland mit sich führen muss, für den wären wertvolle Diamanten in einem Lederbeutel schon eher eine adäquate Anlage- und Transportform.

Das Problem bei der Rückführung der Diamanten in Bargeld oder Bankguthaben beginnt aber schon bei der Anschaffung, weil es für die Echtheit und die Wertbestimmung der Diamanten genaue internationale Regeln und Vorschriften gibt. Wer Diamanten als Sicherheiten anschafft, muss sich auch sicher sein können, dass er sowohl beim Kauf als auch beim Verkauf fair behandelt wird und keinem dubiosen Händler oder »Schmuddel-Experten« aus dem Hinterhof in die Hände fällt.

»Diamonds are forever«.

Anlage-Brillanten müssen über ein Zertifikat eines der anerkannten genealogischen Institute (IGI, EGL, HGS, GIA oder HRD) verfügen. Die Echtheitszertifikate werden im Normalfall in Plastik, zusammen mit dem Diamanten, eingeschweißt. Erst mit diesem Echtheitszertifikat werden die vier »C«, festgelegt:

1. Carat: 1 Carat entspricht 0,2 Gramm.
2. Color: je weißer, desto besser, von D bis Z.

3. Cut: Ein guter Schliff reflektiert das gesamte Licht.
4. Clarity: je weniger Einschlüsse, desto besser.

Ein Anlage-Diamant sollte »VS« oder besser sein. Erst damit wird ein spezieller Diamant zum Anlage-Diamanten.

Wenn der Stein aus seiner Versiegelung genommen wird, um ihn fassen zu lassen, wird das Zertifikat wertlos, denn es lässt sich nicht mehr irrtumssicher dem vorgelegten Stein zuordnen. Eine mikroskopisch kleine Lasergravur am Stein löst das Problem. Jetzt ist der Stein mit dem Gutachten in Verbindung zu bringen und kann auch als Schmuckstück noch eine »Zusatzrendite« bringen.

Diamanten sind die mobilste Anlageform und damit bei Systemzusammenstürzen besonders krisenfest. Als Nachteil gelten die hohen Liquidierungskosten (man muss mit mindestens 30 % rechnen) und die Komplexität. Die Anonymität ist ein Vorteil, macht die Diamantenszene aber auch anfällig für Kriminalität.

Die Preise sind relativ intransparent. Allerdings gibt es eine internationale Preisliste, die wöchentlich in New York erscheint: Der »Rapaport Diamond Report« bildet eine echte Richtlinie. Ab 10 000 Euro ist man dabei. Dafür gibt es einen mittleren 1-Karäter.

2.4 Immobilien – eine Anlageklasse für Profis

Wenn die Menschen Angst haben um ihr Geld, greifen sie nach Sicherheit, nach Sicherheit, auf die man bauen kann – im wahrsten Sinne des Wortes. Kein Wunder, dass neben der Flucht ins Gold und dem Ausweichen in »krisenfeste« Währungen auch der Ankauf von Immobilien, also Grundstücken,

Häusern und Wohnungen zuletzt für immer mehr Menschen als sichere Rettungsinsel in Frage gekommen ist.

Immobilien – eine Win-win-win-Anlage-Strategie.
Immobilien werden langfristig im Preis steigen, vor allem, wenn sie aufgrund ihrer Lage ein knappes Gut sind. Dort, wo in Super-Lagen (Villengegend oder Innenstadtlage) schon alles verbaut ist, gibt es kaum Chancen auf Vermehrung des Angebots. Also müssen die Preise steigen, auch deshalb, weil die Nachfrage nach Wohnraum auch in Zukunft zunehmen wird – schon wegen der starken Zuwanderung. Die Wertsteigerungen der Objekte ergeben auch nach einem längeren Zeitraum eine durchaus attraktive Durchschnittsrendite als Alternative zur Verzinsung des Kapitals.

Immobilien sind eine aktive Wertsicherung, schützen vor Inflation und bieten über den zu erwartenden Wertzuwachs einen Ausgleich für die entgangenen Zinsen. Immobilien können verpachtet oder vermietet werden und werfen daher auch laufende Einnahmen ab. Die Einnahmen sind grundsätzlich Index-gesichert und daher nicht der Inflation ausgesetzt.

Sowohl die Langzeit-Rendite über die Wertsteigerung als auch die Erträge aus Vermietung und Verpachtung sind steuerlich besser gestellt als Finanzkapitalerträge. Bei Vermietung und Verpachtung kann die Steuer außerdem durch den Einbau von Fremdkapital bei der Anschaffung über die anfallenden Schuldzinsen verkürzt werden. Außerdem ist eine steuerliche Berücksichtigung der AfA – Absetzung für Abnutzung – möglich.

Die Zinsen für das Fremdkapital bei der Anschaffung der Immobilien sind zwar an die Entwicklung des Geldmarktes gebunden, der aber – und das sogar mit Zeitverzögerung – dem Verlauf der Inflation folgt. Weil die Einnahmen aus

Vermietung und Verpachtung inflationsgesichert sind und steigen, können damit die Zinssteigerungen leicht ausgeglichen werden. Schließlich steigen ja die Mieteinnahmen für das gesamte Objekt, während die Schuldzinsen nur für den Anteil des Mietgegenstandes steigen, der über Kredite fremdfinanziert wurde. Eine Rechnung, die auf alle Fälle aufgehen sollte.

Bei Vermietungsgeschäften fallen natürlich auch Investitionen und Kosten an. Die reinen Verwaltungsaufwendungen für das Objekt zahlen zwar die Mieter über die Betriebskosten, aber die Ausgaben, die durch das zeitweise Leerstehen der Wohnungen anfallen – vor allem die Sanierungsarbeiten am Objekt nach Auszug der bisherigen Mieter –, bleiben beim Vermieter hängen. Solche Ausgabenposten knabbern natürlich die Mieteinnahmen an. Wenn der Mieterwechsel aber nicht überhandnimmt und die Phasen der Wartezeiten nicht zu lang sind, müsste sich das in finanziell erträglichen Bahnen halten.

Zurück zur Realität.

Soweit die Theorie. Die Praxis sieht leider meist anders aus. Und das beginnt für die meisten Möchtegern-Immobilienkäufer schon bei den Beträgen, die ihnen für den Einstieg in die Immobilienwelt zur Verfügung stehen.

Denken wir an die 3 G des Bankiers Rothschild: Geld – Gold – Grund. Wenn wir das wirklich zu drei gleichen Teilen für die Absicherung unseres Vermögens beibehalten wollen, ist damit auch schon die Größenordnung festgelegt. Gehen wir davon aus, dass man 2011 in Wien etwa 300 000 Euro für eine 100-m^2-Wohnung in guter Lage hinlegen musste. Gehen wir weiter davon aus, dass man in Wien selbst für ein eher mäßig elegantes Zinshaus in einem Randbezirk 3 Millionen

Euro brauchte und die Preise für ein Eckzinshaus in besserer Lage 15 bis 20 Millionen Euro betragen, von noblen Palais ganz zu schweigen.

An die Größenverhältnisse denken.

Wenn wir jetzt bei der Eigentumswohnung um 300 000 Euro beginnen, bedeutet das, dass der Anleger bei Einhaltung der Drittelformel etwa 1 Million Euro für die Veranlagung frei verfügbar haben sollte. Wenn von »frei verfügbar« die Rede ist, zählen rein finanztechnisch natürlich auch die Wohnung oder das Haus, in dem der Anleger wohnt, nicht zum frei verfügbaren Anlagevermögen. Diese Wohnung oder das Haus wird zum Wohnen gebraucht, kann nicht verkauft werden und ist daher auch nicht frei verfügbar. Aus demselben Grund ist auch die Inflationssicherung nur theoretischer Natur und gilt höchstens für die Erben, die das im Wert hoffentlich gestiegene Objekt dann verkaufen und die Wertzuwächse lukrieren können. Der laufende Ertrag für das Eigenheim kann immerhin durch die ersparte Miete definiert werden.

Für ein Zinshaus mit 3 Millionen Euro Kaufpreis wären nach unserer Rechnung schon 9 Millionen Euro Gesamtvermögen erforderlich, und für ein Edelzinshaus um 20 Millionen Euro überhaupt schon stolze 60 Millionen Euro. Die Aufteilungsverhältnisse werden bei so hohen Summen sicher nicht mehr so ganz streng gelten – es sollten nur theoretisch die Größenordnungen aufgezeigt werden. Dass es nicht gut ist und gefährlich, wenn zu viel des Anlagekapitals fix in schwer weiterverkäufliche, weil zu hochpreisige Immobilien veranlagt ist, das mussten in der Vergangenheit bereits mehrere Immobilien-AGs feststellen, die zwar in viele gute Objekte investiert, aber zu wenig liquides Vermögen für die Aufrechterhaltung der laufenden Geschäfte verfügbar hatten.

Trotzdem darf man davon ausgehen, dass bei größeren Mietobjekten schon aus steuerlichen Gründen ein Teil des Objektes über Kredite fremdfinanziert werden müsste, wobei die Zinsen für das Fremdkapital durch die Veranlagung der frei gewordenen Kapitalbeträge (Kredit statt Anlagekapital) abgedeckt werden können.

Es gibt Einstiegsgrenzen.

Bevor jemand mit seinen Ersparnissen überhaupt an eine Geldanlage in Immobilien denkt, soll er in zweierlei Größenordnungen denken: Es müssen zuerst einmal die 300 000 Euro frei auf dem Konto verfügbar sein – plus ungefähr die 10 % für die Abdeckung der anfallenden Kaufkosten. Das bedeutet nach dem vorher Gesagten aber auch, dass diese 300 000 Euro natürlich nicht die Summe der gesamten Ersparnisse sein dürfen. Wer nicht genug Bares für den Ankauf eines ganzen Hauses oder einer ganzen Wohnung aufbringen kann, hat natürlich auch die Möglichkeit, sich über Aktien oder Immobilienfonds an den Marktchancen für diesen Bereich zu beteiligen. Dabei muss man sich auf den Weitblick und die Tüchtigkeit der dort agierenden Manager und ihre sparsame Verwaltung verlassen. In Österreich waren die Erfahrungen mit Immobilienaktien und Fondsbeteiligungen nicht besonders erfreulich.

Wie lange steigen die Immobilienpreise noch?

Allein im Wiener Raum sind die Immobilienpreise in den sechs Jahren von 2004 bis 2010 im Durchschnitt um 50 % gestiegen, warnt beispielsweise der Vorstand der Capital Bank in Wien, Mag. Constantin Veyder Malberg. Das sei zwar noch keine »Immobilienpreis-Blase«, aber man müsse damit rechnen, dass dieser Höhenflug womöglich nicht mehr allzu lange anhält. Eine konjunkturelle Abschwächung als Folge der Finanz- und Währungskrise könnte den Preisauftrieb rasch bremsen. Es sei denkbar, dass bei Verschlechterung der Wirtschaftslage so mancher Immobilienbesitzer, der sich bei der Anschaffung zu stark auf Fremdmittel eingelassen hat, diese Immobilien wieder verkaufen muss, wenn das Verhältnis zwischen Kreditzinsen und Mieteinnahmen nicht aufrecht erhalten bleiben kann.

In Spanien hat das Platzen der Immobilienblase bekanntlich zu einer echten Bankenkrise geführt. Wenn die Preise einmal ins Rutschen gekommen sind, kann es nach bisheriger Beobachtung durchschnittlich 4 bis 6 Jahre dauern, bis sich die Lage wieder normalisiert und verbessert. Anleger müssten daher einen langen Atem haben, wenn sie langfristig auf der sicheren Seite bleiben wollen.

Veyder-Malberg zweifelt in diesem Zusammenhang auch die Argumente der österreichischen Makler an, die ein Anhalten der Aufwärtstendenzen auf dem Markt mit der ständig steigenden Bevölkerungszahl aufgrund der in Österreich weiter notwendigen Zuwanderung erklären. Er verweist auf die Studie von Professor Robert Shiller aus den USA, wonach sich auch dort die wachsenden Bevölkerungszahlen nicht im gleichen Maße in steigenden Immobilienpreisen niedergeschlagen haben.

Wenn die Immobilienpreise stärker steigen als die Mieten.
In Österreich sind die Preise für Wohnimmobilien in den Ballungsgebieten und hier insbesondere in Wien und Salzburg 2010 besonders stark gestiegen. In Wien waren es + 9 % für gebrauchte Wohnungen und + 6 % für Neubauwohnungen. Am teuersten Ort, in Salzburg, waren es »nur« 4,5 %. Die Steigerungen der durchschnittlichen Mieten sind deutlich hinter

diesen Werten geblieben: In Wien waren es nicht ganz 2,9 % und in Salzburg nicht ganz 3 %. In Niederösterreich beispielsweise war es umgekehrt: Da sind die Mieten stärker gestiegen als die Immobilienpreise. Allerdings konzentriert sich das Anlegerinteresse doch nicht so stark auf Niederösterreichs Immobilienangebote.

Dieses ungünstige Verhältnis bei den Steigerungsraten für Kaufpreise und Mieteinnahmen schlägt sich natürlich in einer Verschlechterung der ohnedies schmalen Renditen nieder. Dazu ein paar erklärende Modellrechnungen, abgeleitet aus dem Immobilienpreisspiegel der Wirtschaftskammer:

Bei einem Kaufpreis von 3000 Euro pro Quadratmeter für eine durchschnittliche Wohnung können 2011 auf dem freien Markt ungefähr 100 Euro pro Jahr und Quadratmeter, also 8,25 Euro pro Monat, erzielt werden – das sind 3,3 % Rendite pro Jahr.

Eine Luxuswohnung in der Wiener Innenstadt kostet zirka 8600 Euro pro Quadratmeter und ermöglicht eine Mieteinnahme von 180 Euro pro Quadratmeter und Jahr. Das sind 15 Euro im Monat, die eine Jahresrendite von 2 % ergeben.

Es gilt also die Grundformel: je höher der Kaufpreis, umso niedriger die erzielbare Rendite.

Wenn von den ohnedies sehr schmalen Renditen noch die Kosten für die Anschaffung, die Verwaltung des Mietobjektes und Mietausfälle bei Leerstehen der Wohnungen abgehen, kann diese Veranlagung leicht in den Negativbereich rutschen. Bei der Steuer kommen die Mieteinnahmen zwar besser weg, aber 2 % Brutto-Rendite sind in jedem Fall ein Netto-Realverlust. Der kann aber über die Wertsteigerungen langfristig ausgeglichen werden.

Bei den Zinshäusern ist die Situation ähnlich. Auch dort sind die Renditen bei teuren Innenstadthäusern niedriger als bei billigen Objekten in den Außenbezirken. In Wien sind das etwa 1,5 % für Innenstadt-Zinshäuser, aber bis zu 7 % in den Randbezirken mit mäßiger Ausstattung.

Die Rendite-Unterschiede, die zunächst mathematisch über die hohen Kaufpreise im Verhältnis zu den nicht so hohen Mieten erklärt werden können, haben aber einen höchst realen Hintergrund: In den Zinshäusern in den Randlagenbezirken stehen die Wohnungen öfters auch längere Zeit leer, und es ist nach Aussagen der Hausverwaltungen das Risiko von Mietausfällen und langwierigen Delogierungen deutlich höher anzusetzen.

In den Häusern mit zentraler Lage sind hingegen die Chancen auf Verbesserung der Renditen deshalb größer, weil dort Mietsteigerungen möglich sind, sobald langjährige Altmieter sterben oder aufs Land ziehen. Früher haben Mieter ihre Wohnungen oft über Generationen zu niedrigen Preisen behalten, aufgrund der hohen Scheidungsrate und der größeren Mobilität der Menschen ist die durchschnittliche Dauer von Mietverhältnissen auf fünf Jahre gesunken.

Die Politiker werden Mietsteigerungen bremsen.

Die Hoffnungen auf eine Veränderung im Verhältnis zwischen steigenden Wohnungspreisen und steigenden Mieten sind trügerisch. Erst 2008 ist es aufgrund der plötzlich explodierten Inflationsrate zu einer gesetzlichen Änderung der Inflationsanpassung bei den Mieten gekommen. Es standen Wahlen vor der Tür, man brauchte ein Wahlzuckerl, und da wurde rasch eine mildere Form der Inflationsanpassung auf Kosten der Hausbesitzer im Parlament beschlossen. Wer also an eine rasche Mietensteigerung nach Auftreten höherer Inflationswerte denkt, sollte sich da nicht so große Hoffnungen machen – ebenso wenig, wie eine marktbedingte Nachfragesteigerung auch keine übermäßigen Anstiege der Mieteinnahmen nach sich ziehen wird. Denken Sie als Zinshausbesitzer oder Vermieter immer daran: Es wird zu allen Zeiten mehr Mieter als Hausherrn geben. Und Politiker werden immer an ihre Wähler denken – und an sich selbst.

Wenn die Zinsen den Mieten davonlaufen.

Dass die Immobilienpreise den Mieten voraus sind, das dürfte auch in Zukunft weiter anhalten. Ähnliches könnte auch im Verhältnis der Inflationsanpassungen bei den Mieten und Zinssteigerungen passieren. Da gibt es gleich mehrere Risikofelder:

Zum einen sind nach Auskunft der Nationalbank in Österreich 80 % der Kredite variabel verzinst, das heißt, dass die Zinsen mit dem Geldmarktsatz fallen oder steigen. Das war nach der Senkung der Leitzinsen durch die EZB bis Mitte 2010 ein großer Vorteil. Vom Sommer 2010 bis zum Sommer 2011 haben sich aber die Werte für den 3-Monats-Euribor, also den Zinssatz für den Geldverkehr unter Banken, einfach verdoppelt. Und das treibt natürlich auch die Kreditzinsen nach oben. Zum anderen gibt es eine echte und leider sehr realistische Gefahr für die Immobilienkredit-Schuldner: Ein sehr hoher Anteil dieser Kredite wurde in Fremdwährung aufgenommen, und zwar in Schweizer Franken. Der Euro hat sich im Zuge der Schulden- und Währungskrise seit 2008 gewaltig im Kurs verschlechtert. Bekam man 2008 für einen Euro noch 1,63 Franken, so näherte sich der Kurs im Sommer 2011 bereits bedrohlich der Parität von 1 Franken für 1 Euro. Damit haben sich nicht nur die Schulden in ihrem Wert enorm erhöht, sondern auch die Zinsenbelastung. Beides wird im Endeffekt bei Anhalten der Franken-Stärke die Rentabilität von Immobilienfinanzierungen deutlich verschlechtern.

Die Probleme mit den Mietern.

Wer nicht wirklich ein Profi auf dem Gebiet der Wohnungs- oder Hausverwaltung ist, sollte sich nicht darin betätigen und sein Objekt lieber einer gewerblichen Hausverwaltung überlassen.

Die Probleme beginnen mit der Auswahl der wirklich seriösen Mieter. Immer wieder fallen Privatvermieter auf sogenannte »Mietnomaden« herein, also echte Mietbetrüger, die nur eine oder zwei Mieten bezahlen und dann so lange gratis wohnen, bis der Vermieter die fehlenden Zahlungseingänge bemerkt. Nach Hinterlassung von viel Müll und Schäden sind sie dann längst auf und davon.

Das regelmäßige Inkasso der genau berechneten Mieten und die gesetzeskonformen Abrechnungen von Betriebskosten und Reparaturfonds verursachen viel Detailkenntnis und Verwaltungsarbeit. Problematisch ist auch die Bereitschaft bei Notfällen, wie z. B. bei Feuer oder Wasserrohrbruch in den Wohnungen, besonders bei Nacht, sowie an Wochenenden oder Feiertagen. Die Abwicklung der Reparaturarbeiten und der Versicherungsschäden erfordert viel Sachkenntnis. Das alles kann den Newcomer unter den Vermietern leicht überfordern – für die Kosten, die ihm vom Hausverwalter verrechnet werden können, gilt das in manchen Fällen aber auch. Insgesamt gilt folgender Rat des Capital-Bank-Vorstands Veyder-Malberg: »Wer sich in die Immobilien-Anlage wagt, sollte sich die Risiken vorher genau ansehen. Wem das zu kompliziert erscheint, der sollte die Finger lieber davon lassen. Immobilien sind etwas für Profis.«

Wie Immobilien wirklich vor der Krise schützen.

Der Trend zur Flucht in Sachwerte, und hier vor allem in Gold und Immobilien, hat sich 2011 angesichts der alarmierenden

Meldungen über die krisenhafte Entwicklung der Geldwertstabilität bei Dollar und Euro deutlich verstärkt. Wer bereits vor der Krise Grundstücke, Wohnungen und Häuser kauft, kauft möglicherweise teurer ein. Das gilt aber nicht für alle Objekte. Manches wird man auch später vielleicht nicht mehr für den zuletzt bezahlten Preis bekommen können. Die wirklich vielversprechenden, weil werthaltigen, aber auch teureren Objekte sind eigentlich ausverkauft, gekauft von Investoren mit viel Geld, und die werden, weil sie nicht müssen, diese Prachtstücke auch nicht so bald verkaufen.

Wer also 2011, vor der Krise, wertvolle Immobilien zu höheren Preisen gekauft hat, wird sie jedenfalls für längere Zeit halten müssen. Sie dürfen nicht verkauft werden – auch wenn die Preise zwischendurch wieder nachgeben sollten. Wer verkauft, verliert sicher. Wer hingegen auf die Krise wartet, weil er damit rechnet, dass dann billiger gekauft werden kann, riskiert mindestens genauso viel wie die anderen, die den Großteil schon vorher weggekauft haben. Es kommt in beiden Fällen darauf an, was gekauft wird – und mit welchen Aussichten auf Werterhalt und Wertsteigerung in der Zeit nach der Krise.

Was macht Immobilien in Zukunft attraktiver?

Die Attraktivität der Städte werde weiter zunehmen, erklärt Mag. Alexander Ertler, Geschäftsführer von Immobilien.NET, der größten Online-Plattform für Immobilien in Österreich. Die Flucht der Menschen aufs Land ist keine Option. Frühere Überlegungen auf ein naturnahes Leben als Teleworker im Waldviertel, im südlichen Burgenland oder in der Oststeiermark haben sich nicht erfüllt. Auch Teleworker müssen regelmäßig am Firmensitz anwesend sein, und dabei ist und bleibt der Zeitfaktor wichtig. Pendeln über weite Strecken kostet Zeit und Geld. Gesucht sind also für berufstätige Menschen nach wie vor Wohnimmobilien, wo Arbeit und Privatleben bequem kombiniert werden können.

Der Ausbau der Verkehrswege treibt die Preise nach oben, das gilt vor allem auch für Zukunftsprojekte. Orte mit einer Nähe zur Autobahnauffahrt oder guter ÖBB-Infrastruktur werden in der Attraktivität zunehmen. Das Gegenteil gilt bei der Einstellung von Lokalbahnen. Es lohnt daher, vor einem beabsichtigten Kauf bei der ASFINAG oder bei der ÖBB Einsicht in die Ausbaupläne der nächsten Jahre zu nehmen. Ein Beispiel: Wenn die Autobahn Richtung Tschechien durch Niederösterreich gebaut wird, hilft das eher Hollabrunn als Mistelbach.

Die günstige Anbindung an die öffentlichen Verkehrsmittel gilt auch in den Großstädten als wichtiger Faktor für die Preisentwicklung. In Wien ist die U-Bahn-Nähe ebenso zu einem Kaufkriterium geworden wie die gute Erreichbarkeit von Bus- und Straßenbahnhaltestellen.

Parallel dazu hat sich das Vorhandensein von Natur-Nahversorgungsmärkten oder einer besseren Dichte von Kaffeehäusern, Beiseln oder In-Lokalen in vermehrter Beliebtheit als Wohngebiet niedergeschlagen. Die Preise für Mieten und Wohnungen sind in diesen Grätzeln und Bezirksteilen deutlich gestiegen.

Energie- und Ökologie-Themen nehmen zu.

Energie- und Ökologie-Überlegungen haben bisher bei der Preisgestaltung der Wohnimmobilien keine große Rolle gespielt, weil die Energiepreise anscheinend nicht hoch genug sind. Die Form der Heizung und die Wärmedämmung wurden zu wenig berücksichtigt. Die gesetzlich vorgeschriebenen Energieausweise werden beim Kauf nicht nachgefragt und daher von den Maklern nicht angeboten. Das alles könnte sich in den nächsten 15 Jahren aber entscheidend ändern, kündigt Mag. Ertler an.

Was wird sich ändern?

- Die Technik der Energieversorgung muss ebenso aufrüstbar sein wie die Wärmedämmung, weil die EU-Vorschriften in dieser Hinsicht sicher strenger werden.
- Der Abschlag für altersbedingte Energie-Schwachstellen wird bei Wiederverkauf eines Objektes höher sein als jetzt.
- Die Kostenkalkulationen für Miethäuser werden kurzfristiger angelegt sein müssen. Derzeit haben Häuser noch eine sehr lange kalkulatorische Abschreibedauer von bis zu 100 Jahren – sie wird stark sinken.
- Bei einem Wiederverkauf muss daher mit höheren zeitrelevanten Abschlägen gerechnet werden – das macht höhere Aufwendungen für Investitionen in die Objekte erforderlich.

Überlegungen für den Kauf von Zinshäusern.
Die Preise – und damit auch die möglichen Renditen, die zu erzielen sind – haben sich bei den Zinshäusern, wie früher ausgeführt, sehr unterschiedlich entwickelt. Übermäßig, und teilweise schon ungesund, haben sich die Preise für Zinshäuser entwickelt, die sich auch Freiberufler und Mittelständler in gehobener Einkommensposition leisten können. Zahnärzte, Steuerberater oder Anwälte haben sich in großer Zahl auf Zinshäuser in der Preisklasse um 2 Millionen Euro gestürzt und die Preise in Höhen getrieben, die vernünftige Renditen nicht mehr zulassen. Diese Objekte sind für die Wertsicherung allenfalls noch geeignet, nicht aber für gute Erträge. Die Renditen erreichen nicht einmal das Niveau normaler Sparbücher. Wer über niedrigere Preise verhandeln will, wird sich die Zähne ausbeißen, weil die Nachfrage zu groß ist.

Für Zinshäuser im höheren Preissegment, ab 5 Millionen Euro, war der Markt 2011 noch in Ordnung. Hier sind die institutionellen Anleger unter sich. Unvernünftige Preise werden nicht akzeptiert, daher können hier noch Renditen zwischen 4 und 6 % erzielt werden. Das entspricht auch einer durchschnittlichen Wertpapier-Rendite.

Was ist bei Bauherrn-Modellen und geschlossenen Immobilienfonds zu beachten?

- Das Grundproblem für den Anleger besteht in derartigen Konstruktionen, dass sich die Projekte von der Rentabilität her eigentlich direkt aus der Substanz rechnen sollten. Das tun sie aber meist nicht.
- Die Rechenmodelle gehen hauptsächlich in Richtung Steuerersparnis.
- Als Hauptargument wird die Verlustabschreibung angeführt. Damit scheiden alle Anleger aus, die nicht von hohen Einkommensteuertarifen »geplagt« werden. Pensionisten werden in der Regel keine enormen Verluste abschreiben können.
- Die Kalkulation der Verlustabschreibung stößt meist deutlich an die gesetzlichen Grenzen der »Liebhaberei«-Bestimmungen von 20 Jahren.
- Außerdem wird die Wirkung des Vorsteuer-Abzuges bei der Mehrwertsteuer immer voll einberechnet.
- In der Gesamtkalkulation profitiert, wenn überhaupt, der Projektbetreiber und -entwickler am meisten.

Kostenprobleme drücken zusätzlich die Renditen.
Sowohl Anlage-Wohnungen in Zinshäusern als auch Vorsorge-Wohnungen müssen bewirtschaftet und verwaltet werden.

Bei einer Verwaltung von Anlage-Wohnungen im Pool ist mit Managementkosten von zirka 20 % zu rechnen.

Bei Vorsorge-Wohnungen ist eine Einzel-Wohnungsbetreuung zu vernünftigen Preisen nicht im Angebot. Die Hausverwaltungen wollen immer nur ganze Häuser übernehmen. Das funktioniert zwar in London, aber (noch) nicht in Österreich.

Einzel-Wohnungs-Betreuung als neues Geschäftsmodell. Das fehlende Angebot für die Einzel-Wohnungs-Betreuung und -verwaltung könnte für pensionierte Fachkräfte aus der Branche zu einem attraktiven neuen Geschäftsmodell ausgebaut werden. Das wäre für die Betreuer mit Liebe zur Selbstständigkeit eine gute Teilzeitchance – die Mieter in der Vorsorge- oder Anlage-Wohnung kämen zu einer höchst individuellen und menschlichen Betreuung. Nicht nur beim Geld, erst recht beim Wohnen zählen die Menschen.

2.5 Geldanlage in Kunstwerke ist Liebhaberei

Geldanlage in Kunstobjekte ist eine Wertanlage, weil ja Geld investiert wird. Im günstigen Fall findet auch eine Wertsicherung bzw. Wertvermehrung statt. Sie ist aber nur dann mit einem geldwerten Effekt verbunden, wenn der Käufer eines Kunstobjektes bereit ist, sich von dem gekauften Stück zu trennen und dieses Wertobjekt zu verkaufen. Das ist aber nach Ansicht der meisten Kunsthändler und Kunstexperten nicht der Regelfall. Kunst wird meist von Sammlern aus Liebe und Leidenschaft und weniger in der Absicht gekauft, damit Geld zu verdienen, meint Mag. Hubert Thurnhofer, der Inhaber der Galerie »Kunstraum« in den Wiener Ringstraßen-Galerien, dessen Expertise als Basis für die Ausführungen in diesem Kapitel gedient hat.

Die Kunstwerk-Pyramide.
Der Markt für Kunstobjekte ist jeweils ein regionaler/nationaler Teilmarkt. Mag. Thurnhofer hat hier eine (Kunst-)Werte-Pyramide definiert.

Erste Stufe: der Olymp mit den Top 100 des Landes
Hier werden Objekte bei Versteigerungen in Auktionshäusern mit einem Wert ab 1 Mio. Euro gehandelt.

Zweite Stufe: die Top 100 aller 200 relevanten Länder
Hier stellen 20 000 Topkünstler ihre Werke in Ausstellungen zur Auswahl.

Dritte Stufe: die Arrivierten
In diesem Marktsegment tummeln sich 400 000 Künstler. Als Markteintrittsbarriere gilt hier die Betreuung in einer Galerie.

Vierte Stufe: die Künstler mit Ausbildung
Sie leben u. a. von der Ausbildung kunstbegeisterter Laien, weil mit dem Werksverkauf kein Lebensunterhalt verdient werden kann.

Fünfte Stufe: die Künstler aller Art (auch Autodidakten)
Sie finanzieren und ernähren die Kunstlehrer der vierten Stufe und kommen oft auch durch Zufall zum Durchbruch.

Preispolitik und Marketing.

Wertsteigerungen sind meist eine Folge der Verengung des Marktes, vor allem dann, wenn es kaum mehr neues Material von einem Künstler auf dem Markt gibt oder wenn er gestorben ist. Der Tod eines Künstlers führt zuweilen zu verstärkter Nachfrage.

Entscheidend sind stets die Marketingaktivitäten zu Lebzeiten des Künstlers – sonst gibt es auch nach seinem Tod keine Verkaufschancen. Ein typisches Beispiel ist angeblich Frohner: Auch nach seinem Tod gab es keine Preisbewegungen nach oben.

Die qualitative Bewertung von Kunstwerken.

Kunstimmanente Bewertung ist meist nicht sehr aussagekräftig und Wert-bestimmend. Am größten ist noch immer der Anteil des Marketings, und Marketing funktioniert mit lebenden Künstlern besser.

Das Verhältnis von künstlerischem Wert und materiellem Preis ist fast ausschließlich propagandistisch bestimmt. Die Entscheidung darüber, ob etwas »gute Kunst« ist oder nicht, liegt bei einigen wenigen Entscheidungsträgern, den »Propheten«. Es besteht allgemeiner Konsens darüber, dass es für zeitgenössische Kunst keine echten Qualitätskriterien gibt. Mag. Thurnhofer meint trotzdem, »dass man sehr wohl über Kunstkriterien reden muss«. Er meint dazu: Wesentlich an der QUAL-ITÄT ist die »ITÄT«, sonst bleibt nur noch die »QUAL«.

Thurnhofer hat dazu als Qualitäts-Kriterien die »ITÄT«-Kriterien definiert:

Idee:

Was macht die Idee und die Originalität am Werk aus?

Thema:

Welche Themen werden aufgegriffen, wie ist das Werk einzuordnen? Ist es ein einziges Thema, und ist es vor allem ein neues Thema? Als Beispiel: das Übermalen der Bilder bei Arnulf Rainer und später auch bei Alfred Biber.

Ästhetik:

Kunstwerke sollen grundsätzlich nicht hässlich, sondern schön sein.
Es kommt auf den Zugang an, und es soll das Konzept erkennbar sein.

Technik:

Es ist die jeweils höchstmöglich in Qualität verfügbare Technik zu verlangen. Nachsicht ist hier nicht am Platz.

Wichtig für die Wert-Entwicklung und die Wert-Pflege ist die professionelle Betreuung durch die Galerie.

Ein Beispiel für professionelle Wertsteigerung ist der Künstler Giaccometti. Seine Figur »Schreitender Mann« wurde ursprünglich von der Deutschen Bank um 400 000 Euro gekauft. Nach 22 Jahren wurde das Werk dann um 7 Mio. Euro weiterverkauft.

Die Wiederverkaufbarkeit zum hohen Preis ist eher bei teuren Stücken wahrscheinlich und sicher. Die Preisangaben in den Angeboten der Sammler sind meist etwas unrealistisch. Bei vielen Objekten ist der Preis, den der Sammler selbst seinerzeit beim Kauf gezahlt hat, nicht mehr erzielbar. Oft sind es nur 10 % der Forderung, die am Ende erfüllt werden. Wer zu diesem Preis verkauft, und sich trotzdem vom Bild getrennt hat, dürfte von diesem Künstler und seinem Werk nicht viel gehalten haben.

Es gilt der Grundsatz: Je berühmter der Künstler, umso teurer sind seine Werke. Ob jemand berühmt ist oder nicht, das kann der Laie auch durch Googeln ermitteln.

Manche Kunden wollen einen »Atelierpreis ab Hof«, also direkt von der Staffelei des Künstlers herunter verhandeln, um die Spanne der Galerie zu sparen. Das wird als unseriös abgelehnt und von Galerien boykottiert.

Als Wert-Kriterien gelten auch die Versicherungssummen, die nicht immer leicht zu erfragen sind.

Schlussbemerkung

Wer nur Geld hat, das er sicher anlegen will, und nicht auch Kunstverstand und Liebe zur Kunst, sollte sein Geld lieber anderswo investieren. Wer Geldwerte lieber in Zahlen misst, wird sich mit Werten, die oft keinen echten Preis haben, auf die Dauer nicht wohlfühlen. Wenn Sie »nichts zu verschenken« haben, dann überlassen Sie die Kunst lieber den Kunstfreunden und Sammlern – es sei denn, Sie sind reicher als reich, dann können Sie sich auch als Gönner und Mäzen feiern lassen.

2.6 Oldtimer-Autos

Bedenken Sie, dass eine Investition nur dann eine Wertanlage ist, wenn sie auch später einen Wert für jemanden Dritten darstellt und zumindest zu dem Preis verkauft werden kann, zu dem sie angeschafft wurde. Die Nachfrage muss also sichergestellt sein, um einen vernünftigen Preis zu erzielen.

Nachdem der Gebrauchswert (laut Eurotax-Liste) bei Oldtimern ausfällt, kann es sich nur um Liebhaberwerte handeln. Dabei sind sowohl die Seltenheit (wenn nicht mehr als 1000 Stück gebaut wurden) als auch die Besonderheit wesentlich. Der Zustand ist in Klassen von I, II und III eingeteilt. Sammlerstücke haben immer Klasse I.

Es gibt auch einen Index für die Oldtimer, den DOX. Die Fahrzeuge sind zwischen 1999 und 2009 um 5,7 % p. a. im Wert gestiegen. Basis des DOX ist die Wertentwicklung von 88 Oldtimermodellen aus sieben Ländern, die aus rund 200 000 Gutachten und Bewertungen von Classic Data ausgewählt wurden. Dahinter steht der Verband der Automobilindustrie in Deutschland (VDA).

Aus Vorsicht vor Fälschungen werden nur Nachkriegsmodelle berücksichtigt. Vom Mercedes SSK wurden z. B. zwischen 1928 und 1932 nur 33 Stück gebaut. Heute gibt es überraschenderweise 58 Angebote.

Der Preis eines solchen Boliden kann gut und gerne auf 3 Mio. Euro kommen.

3. Geldwerte Papiere und Anlagen mit Zinsversprechen

462 Milliarden Euro machte im Sommer 2011 das reine Geldvermögen in Österreich aus, Tendenz stagnierend. Die Sparquote ist von fast 12 % im Jahre 2008 auf 9 % zurückgegangen. Sparen ist out – die Beliebtheit der Sparbücher ist Geschichte. Angesichts einer Inflationsrate von 3,3 % und einer mittleren Verzinsung am Sparbuch von 2,5 % ist das nicht verwunderlich. Inflation und Angst vor dem Währungsverfall haben ihre Wirkung getan, die Menschen weichen auf die Sachwerte aus.

Aktien und Wertpapierfonds wurden verkauft, gefragt waren allenfalls noch Unternehmensanleihen. Und vor allem: Die Bankeinlagen sind weiter rückläufig. Diese Daten aus dem Geldvermögensbericht der Österreichischen Nationalbank werden auch vor Ort, an den Schaltern und in den Kunden-Beratungszimmern der Banken bestätigt.

3.1 Die Flucht aus dem Sparbuch

»Meine Kunden haben schon lange kein Sparbuch mehr« – mit dieser Aussage überraschte im Sommer 2011 mein langjähriger Ratgeber in Finanzfragen, Gernot Mandler, von der Dornbirner Sparkasse in Wien.

»Selbstverständlich wird kein Sparbuchanleger überredet, dass er in eine andere Anlageform umsteigen soll. Wer sich weiter sicher am Sparbuch fühlt – und lieber weiter ruhig schlafen will –, der soll ruhig bleiben, wo er ist«, heißt es. Es ist schließlich die Entscheidung des Kunden, und dieser muss in jedem Fall auch die Folgen der Entscheidung tragen. Konservative Sparbuchbesitzer sind meist auch nicht sehr Zinsempfindlich, sie lassen sich von negativen Realzinsen nicht abschrecken – die staatliche 100 000-Euro-Garantie für das Sparbuch ist ihnen heilig. Wenn es notwendig ist, teilen sie ihr Geld eben auf mehrere Banken auf. Dass es im Ernstfall eines Staatsbankrotts dazu kommen könnte, dass der Staat auf die Geldeinlagen seiner Bürger zugreifen muss, wird meist nicht als Realität anerkannt.

Wer unbedingt bei seinem Sparbuch bleiben möchte, weil er sich dort wohlfühlt, für den lautet die Devise in Zeiten niedriger Zinsen: Längere Bindungszeiten bringen eine bessere Verzinsung. Das bringt die Realzinsen angesichts der hohen Inflation zwar nicht in den grünen Bereich, aber immerhin, eine leichte Verbesserung. Schwierig wird es erst, wenn das Spargeld vorzeitig gebraucht wird und abgehoben werden soll. Es könnte ja sein, dass sich plötzlich – in der Krise – eine günstige Kaufgelegenheit auftut oder ein Notfall eintritt. Dann, so meint beispielsweise Mag. Veyder-Malberg von der Capital Bank, müsste der Sparbuchkunde die sogenannten »Vorschusszinsen« in Kauf nehmen, die ihm für die Zeit abgezogen werden, in der das Geld vor Ablauf der Bindung nicht mehr am Konto liegt. Üblicherweise sind das 0,1 % pro Monat – und da liegt das Problem. Wenn bei einer 60-Monate-Bindung 3,5 % Zinsen geboten wurden und das Geld schon nach 24 Monaten abgehoben werden soll, dann würden die »Strafzinsen« theoretisch 3,6 % ausmachen. Weil nur Positiv-Zinsen abgezogen werden können, bleibt der Zinsensaldo bei 0 %. Das Geld war dann jedenfalls 24 Monate lang ohne Zinsen angelegt. Der Zinsverlust, der dabei entsteht, müsste durch die Gewinne aus dem Geld gedeckt werden, das man vorzeitig abgehoben hat. Im Fachjargon nennt man so etwas »Opportunitätskosten«.

Anleihen statt Sparbuch.

Die Kunden des Herrn Mandler von der Dornbirner Sparkasse folgen also dem nationalen Trend und schaufeln ihr Geld von den Sparbüchern auf Anleihen um. Die sind vom Risiko her besser gestellt als Sparbücher: Wenn eine Bank die Schalter schließen müsste, kann der Sparer sein Geld nicht mehr abheben und kann im günstigsten Fall auf eine spätere Zuteilung über die Einlagensicherung hoffen. Das Geld auf Wertpapierdepots ist aber Fremdvermögen der Kunden, das bei einem Konkurs ausgesondert wird – es darf dann niemand mehr auf sein Geld zugreifen. Es kommt nur darauf an, ob der Anleiheschuldner wirklich eine solide Firma ist. Vor Staatsanleihen sollte man sich grundsätzlich eher fernhalten.

Was aber macht die Anlage in Anleihen so attraktiv? Das Geld, das in Anleihen investiert werden kann, wird in 5 bis 7 Teile geteilt, und es werden Anleihen mit einer Laufzeit von bis zu 5 bis 7 Jahren angeschafft. Es gibt solche, die mehr Verzinsung bieten als andere, das ist eine Frage des Ratings: Je höher die Bonität des Unternehmens, umso niedriger ist der Risikozuschlag. Eines ist sicher: Die Rendite für 5-Jahresanleihen liegt nicht nur höher als bei der 5-Jahres-Bindung am Sparbuch, sondern in jedem Fall höher als bei einer 1-Jahres-Bindung beim Sparbuch. Aber warum die Rechnung mit der 1-Jahres-Bindung? Antwort: Es werden 5 Anleihe-Gruppen angeschafft. Beispielsweise kauft man 2011 je eine Gruppe mit Ablauf 2012, 2013, 2014, 2015 auf dem Sekundärmarkt und ab dann Primäremissionen, möglichst mit Ablauf in jedem neuen Jahr.

Was passiert: Es wird in jedem neuen Jahr eine Anleihe-Gruppe fällig. Das Geld kann neu investiert werden, jeweils zu den neuen und günstigsten Bedingungen. Die anderen Anleihen laufen weiter bis zur Fälligkeit. Wollte man sein Geld auf 1 Jahr am Sparbuch binden, müsste man auch jedes Jahr neu mit der Bank über die Zinsen streiten. Das tun streitsüchtige Menschen oder solche, die gern handeln, zwar sehr gerne, ist aber auch nicht immer angenehm. Faktisch hat man die Freiheit einer 1-Jahres-Bindung, lukriert aber die 5-Jahres-Rendite. Grundsätzlich kauft sich jeder Anleger also seine Rendite durch die Auswahl der Jahresfristen selbst. Mit der Auswahl des richtigen und stabilen Emittenten kauft er sich auch das gewünschte Maß an Sicherheit.

Hier ist dennoch ein Warnhinweis angebracht: Wer bei einem länger gebundenen Sparbuch vorzeitig aussteigen will oder muss, wird in der Regel wegen der Abrechnung der Vorschusszinsen Zinsen verlieren. Beim vorzeitigen Ausstieg aus einer Anleihe-Veranlagung wird man vermutlich noch weniger günstig aussteigen. Auf das in Wertpapiere angelegte Geld sollte der Sparer und Anleger daher unter keinen Umständen zurückgreifen müssen. Es soll wirklich nur für die Geldsicherung und Geldanlage zur Verfügung stehen.

Die Wahl der Emittenten.

Was die meisten Banken ihren Anlegern raten: Hände weg von Staatsanleihen – lieber solide Unternehmensanleihen: von Firmen, die auch in wirtschaftlichen Krisenzeiten nicht so leicht umfallen oder ihre Gewinne verlieren, und von Firmen, wo die Anleihekurse ihren Wert behalten.

Hier macht die Dornbirner Sparkasse auf ein Sonderproblem aufmerksam: Die Finanzmarktaufsicht – FMA – stuft seit Herbst 2010 grundsätzlich alle Anleihen ohne S&P-Rating (also eine Qualitätseinstufung durch die US-Ratingagentur Standard & Poors) auf »speculative grade« mit 100 % Risiko um. Damit wird auch der Anleger offiziell in seinem Anleger-Profil zum »Spekulanten«, der im Rechtsverhältnis zur Bank wesentlich weniger Schutz genießt. Paradoxerweise ist ein Anleger der halbfaule Staatsanleihen kauft, noch immer ein »konservativer« und Risiko-averser Anleger.

Sparbuch: Halten erlaubt, Parken verboten.

Das Sparbuch ist für die kurzfristige Aufbewahrung von Geld geeignet, aber für die Zukunftssicherung nicht. Die Ausstattung mancher Banken mit Eigenkapital ist bei weitem nicht ausreichend, um sie als wirklich krisensicher zu bezeichnen. Die gesetzlich geregelte Einlagensicherung bringt dem Privaten einen Schutz bis 100 000 Euro. Manche Institute sind beispielsweise nicht an die Schutzeinrichtungen gebunden und müssen keine Beiträge zur gesetzlichen Einlagenversicherung der Banken zahlen. Sie können wegen dieser Kostenersparnis auch höhere Zinssätze anbieten, als im Markt üblich sind. Es zahlt sich aus und beruhigt, wenn man prüft, ob die Bank oder Sparkasse, der man sein Geld anvertraut, wirklich Mitglied eines Haftungsverbandes ist. Man sollte die gebotenen Zinssätze immer mit dem aktuellen Geldmarkt-Zinssatz der jeweiligen Laufzeit vergleichen. Den Geldmarkt-Zinssatz (z. B. Euribor = Euro-inter-bank-offered-rate) verrechnen die Banken im Geschäftsverkehr untereinander. Liegen die Sparzinsen für z. B. 1 Jahr Bindung über dem Geldmarkt-Satz, würde die Bank draufzahlen – oder sie zieht damit eine Werbekampagne durch. Im schlimmsten Fall könnte es dem Institut so schlecht gehen, dass man auf diesem Wege schnell zu Einlagen kommen will. Aber das könnte bald zum Bankrott führen.

3.2 Anleihen: Es kommt darauf an

Staatsanleihen waren einmal Wertpapiere mit höchster Sicherheitsstufe. In Österreich hatten und haben Staatsanleihen noch immer den rechtlich abgesicherten Ruf der »Mündelsicherheit«. Je mehr die Staatsanleihen einiger südeuropäischer Länder von den Ratingagenturen heruntergestuft wurden, haben deutsche und österreichische Staatsanleihen in der Gunst der internationalen Fonds als »sicherer Hafen« zugenommen. Das spart dem Staat einige Millionen bei den Anleihezinsen über die niedrigeren Sicherheitsaufschläge.

Bei den Staatsanleihen mehrerer südeuropäischer Staaten, denen von den Ratingagenturen gerade noch »Ramsch-Status« zuerkannt wird, sollte man ein wenig mehr Vorsicht walten lassen. Die Anleihen hoch verschuldeter Staaten sind zwar aufgrund der Risikozuschläge sehr hoch verzinst, aber auch mit hohem Risiko behaftet. Der Euro-Schutzschirm ist viel zu klein, um allen Problemstaaten Unterschlupf zu gewähren, und wenn er zu stark nach allen Ecken und Enden gedehnt wird, könnte er zerreißen. Dann werden alle nass – auch diejenigen, die bisher gut auf sich aufgepasst haben.

Viel mehr Sicherheit bieten Unternehmensanleihen oder Pfandbriefe mit Immobiliendeckung. Bei Bankenanleihen sollte man eher vorsichtig sein. Obwohl die Sicherheit bei Unternehmensanleihen eigentlich höher einzuschätzen ist als bei Staatsanleihen, sind Unternehmensanleihen von soliden Firmen, die »Corporate Bonds«, mit weit besserer Verzinsung ausgestattet als manche Staatsanleihen. Es gilt also bei Unternehmensanleihen: weniger Risiko, mehr Zinsen.

Mag. Veyder-Malberg von der Capital Bank empfiehlt hier eine wirklich breite Streuung auf viele einzelne Branchen – vielleicht aus verschiedenen Ländern. Eine ideale Streuung liegt bei 100 Titeln, heißt es. Nur dann könnten die höheren Risikoaufschläge vor Ausfällen schützen, die theoretisch und praktisch natürlich immer möglich sind. Weil eine so breite Streuung für den normalen Anleger aber kaum möglich sein dürfte – dazu bräuchte man einen zweistelligen Millionenbetrag allein für Anleihen – empfiehlt sich ein Investmentfonds für Corporate Bonds. Solche Fonds können mit Einbindung von Anleihen in fremder Währung (aber nicht US-Dollar!) auch die Währungsrisiken und -chancen mischen.

Wie Anleihen gegen Inflation schützen können.

Bargeld und Geldeinlagen bei Banken und Sparkassen sind schutzlos der Inflation ausgesetzt. Negative Realzinsen sind die direkte Folge, weil der Anstieg beim Zinsniveau meist nicht mit der Inflationsrate Schritt halten kann.

Einen zumindest teilweisen Schutz gegen die Inflation bieten inflationsgeschützte Anleihen, sogenannte TIPS – Treasury Inflation Protected Securities –, die zuerst in den USA als Schutz gegen die Inflation angeboten wurden. Daneben gibt es staatliche Emittenten der Länder Großbritannien, Frankreich, Italien und auch Deutschland. Die bekanntesten Produkte von Bankemittenten in Europa kommen aus Großbritannien und Frankreich. Emittenten sind die Barclay's Bank, die Royal Bank of Scotland und Morgan Stanley. In jedem Fall werden Mindestzinsen von 3,30 % bis 3,60 % angeboten und eine Kapitalgarantie von 100 %.

Die inflationsgeschützte Anleihe der RBS – Royal Bank of Scotland – wird auf dem Markt als besonders sicher eingeschätzt, weil die Bank inzwischen verstaatlicht wurde. Für die ersten 2 Jahre wird eine Mindestverzinsung von zunächst 3,5 % garantiert. Erst ab dem 3. Jahr wird die Inflationsrate 1:1 garantiert.

Ab 2011 hat auch die Bank Burgenland eine inflationsgeschützte Anleihe mit einer Laufzeit von 10 Jahren auf den Markt gebracht: Garantiert werden auch hier die Zinsen zu mindestens 3,5 % und das Kapitalnominale zu 100 %. Sobald der »harmonisierte Verbraucherpreisindex der Euro-Länder« über dem Garantiesatz von 3,5 % liegt, wird auch hier jeweils die Originalinflation abgegolten.

Der Vorteil liegt bei diesen inflationsgeschützten Anleihen darin, dass in diesem Fall sowohl ein Inflationsschutz als auch ein Deflationsschutz gegeben ist. Die Mindestgarantie von 3,5 % gilt nämlich auch dann, wenn die Preisentwicklung bei einer Deflation im Zuge von Wirtschaftskrisen ins Minus geht.

Ein Nachteil kann sich daraus ergeben, dass jeweils nur die offizielle Inflationsrate abgedeckt wird, die tatsächlichen Werte aber bekanntermaßen immer viel höher sind. Das gilt auch für die 100-%-Kapitalgarantie. Ob das eingesetzte Kapitel nach 10 Jahren wirklich noch 100 % wert ist?

Schutzmaßnahmen gegen steigende Zinsen.
Steigende Zinsen am Markt führen bei Anleihen sehr rasch zu massiven Kursverlusten. Wenn der Anleger Verluste vermeiden will, muss er die gesamte Laufzeit »aussitzen«. Sobald sich steigende Zinsen am Markt abzeichnen, bieten die Banken vermehrt Anleihen mit steigenden Zins-Kupons, sogenannte »Stufenanleihen« an. Es werden jährlich steigende Zinsen angeboten: z. B. 3 % im ersten Jahr, 4 % im zweiten und 5 % im dritten Jahr. Das ergibt eine Durchschnittsverzinsung von 4 %. Dabei entstehen Chancen und Risiken für Bank und Kunde. Steigen die Zinsen am Markt nicht so stark wie angeboten, bekommt der Kunde trotzdem seine Verzinsung und der Kurs der Anleihe steigt. Steigen die Zinsen stärker am Markt, dann hat die Bank gewonnen. Trotzdem fallen die Kurse einer solchen Anleihe nicht so stark wie bei einem festverzinslichen Papier. Es gibt auch echte »Floater«, bei denen die Zinsen an den Euribor, also den Geldmarktsatz im Verkehr unter Banken, angebunden werden.

3.3 Lebensversicherungen: Bindung ein (Vertrags-)Leben lang

Lebensversicherungen sind von Natur aus Langfrist-Verträge. Je länger ein Vertrag dauert, umso ausgeglichener sollte theoretisch auch das Ergebnis sein. Wenn man die Vorteile des Zinseszins-Effektes heranzieht, dann müssten aufgrund der langen Anspardauer des eingezahlten Kapitalstocks auch hohe

Vermehrungseffekte herauskommen. Schließlich heißt es doch immer in der Werbung: Es sei nie zu früh, in eine Anspar-Lebensversicherung einzusteigen. Leider waren die Ergebnisse in der Vergangenheit bei manchen Gesellschaften nicht wirklich berauschend, und so mancher Langzeit-Versicherungskunde musste bei Pensionsantritt zur Kenntnis nehmen, dass er eigentlich mit einem Sparbuch besser gefahren wäre.

Bei langfristiger Geldanlage in einer Lebensversicherung treten auch immer wieder Verluste bei der Veranlagung auf und lösen in Finanzkrisen entsprechende Wertverluste aus. Wer sich auf ein sicheres und positives Endergebnis verlässt, kann schwer enttäuscht werden. Deshalb war es auch ein großartiger Fortschritt im Interesse der Versicherten, dass die Versicherungsgesellschaften gesetzlich verpflichtet wurden, ihren Versicherungsnehmern einen fixen Ertrag zu garantieren.

Die Garantie sorgt für Sicherheit bei den Versicherten.
Die garantierten Renditen bei Lebensversicherungen werden für alle Versicherungen gleich durch die Finanzmarktaufsicht fixiert. Unterschiedlich sind nur die Renditen aus den sogenannten Gewinnbeteiligungen. Diese sind derzeit noch immer deutlich attraktiver als »sichere« Anleihen. Das Versicherungsgesetz verpflichtet die Versicherungen, bei neuen Verträgen nur so viel an Gewinnbeteiligungen zu nennen, wie sie im vergangen Jahr auch tatsächlich für ihre Kunden verdient haben. Das schwankt stark zwischen den einzelnen Gesellschaften, und der Vergleich lohnt sich. Wenn eine Versicherungsgesellschaft mehr an Ertrag verspricht, als bei einer sicheren Anleihe gezahlt wird, was derzeit oft der Fall ist, und die Versicherung selbst als sicher gilt, dann ist die Lebensversicherung eine echte Alternative.

Allerdings sollten als Laufzeit bei Einmalerlägen immer

mindestens 15 Jahre gewählt werden. Diese Frist wurde im Budgetbegleitgesetz 2010 im Zusammenhang mit der Spekulationssteuer von 10 Jahren auf 15 Jahre hinaufgesetzt. Unter 15 Jahren ist die Versicherungssteuer mit 11 % zu hoch und kürzt die Erträge. Eine Ausnahmebestimmung sieht vor, dass ein Viertel der eingezahlten Prämie jederzeit auch vor 15 Jahren steuerfrei entnommen werden kann. Als Sparplan ist die Versicherung mit laufender Einzahlung auch kürzer möglich und sinnvoll. Die Versicherungssteuer liegt dann bei freundlichen 4 %.

Neue Regeln bringen mehr Klarheit.

Die EU-Regelung »Solvency II« zwingt die Versicherungen zu mehr Eigenkapital. Damit soll gesichert sein, dass die garantierte Verzinsung auch tatsächlich geleistet werden kann, wenn sich zwischendurch der erwirtschaftete Ertrag aus dem Deckungsstock der Versicherung einmal als zu gering erweisen sollte.

An Lebensversicherungen verdienen Sie aber nur, wenn Sie diese auch bis zum Ende der Vertragslaufzeit halten. Leider zeigt die Praxis, dass viele Polizzen vorzeitig gekündigt werden. Dabei werden von den eingezahlten Beträgen vorweg die Spesen und Provisionen abgezogen und die garantierten Renditen fallen dann ins Wasser. Daher kommt auch das zuweilen schlechte Image der Lebensversicherer. Leider raten oft die Vermittler selbst zur vorzeitigen Kündigung, weil sie nur an einem neuen Vertragsabschluss Geld verdienen.

Achtung:

Meiden Sie Versicherungen ohne garantierte Verzinsung wie fondsgebundene Varianten, denn diese sind aufgrund ihrer

Gesamtkostenbelastung trotz mancher Steuervorteile die schlechtere Alternative gegenüber Fondssparplänen.

4. Sachwerte als Substanzwerte: Das Geld zur Arbeit schicken

Sachwerte haben die Eigenschaft, dass Sie von Geldwertschwankungen unabhängig sind. Mit ihrer Anschaffung kann eine Inflation im Wert kompensiert werden. Sachwerte haben grundsätzlich auch keinen Währungsbezug. Wer beispielsweise Aktien kauft, der kauft nicht ein Wertpapier mit einem garantierten Rückzahlungswert als Nominale in irgendeiner Währung, sondern Firmenanteile eines Unternehmens, also Anteile an einem Substanzwert, der von Währungsunterschieden nicht direkt berührt werden kann.

4.1 Aktien und Fonds

Der Chef der US-Federal Reserve, Ben Bernanke, hat Anfang Juli 2011 mit einer bemerkenswerten Warnung aufhorchen lassen: Es würde 2011 und 2012 nur noch bestenfalls 2 % Wachstum geben. Das sollte den Märkten eine Warnung sein, denn die Botschaft, die dahintersteckte, lautet konkret: Es ist vorbei mit dem Wachstum – es gibt kein Wachstum in saturierten Märkten. Bisher hatte es immer Wachstum auf der Basis des Bevölkerungswachstums gegeben. Seither ist das Wachstum in den saturierten Märkten des Westens ausgeblieben. Wachstum gibt es nur noch in den »Emerging Markets«, also Afrika, Lateinamerika, Ostasien und Russland.

Was heißt das für die Aktieninvestments?

Es kommt in Zeiten wie diesen darauf an, nicht auf Unternehmen zu setzen, deren Erfolg von hohem Wachstum abhängt. Sie erleiden Verluste, wenn es kein Wachstum gibt. Es gibt dagegen genug global agierende Unternehmen, die auch in einem Null-Wachstumsfeld noch gute Gewinne erzielen können. Da geht es um den Markenwert und um die Produkte.

Was zeichnet »Global Brands« aus?

- Sie haben eine starke »Kriegskasse«.
- Geringe Fremdverschuldung – Eigenkapitalquote über 45 %.
- Starke Bilanz mit genug Cash (positive Kurs-/Cash-Flow-Ratio).
- Eigenkapitalrendite über 10 %.
- Marktführer im Produkt.
- Globale Präsenz – vor allem in Schwellenländern.
- Solide Differenzierung (nach Regionen und Branchen).

Wonach sollen wir in der Krise suchen?

- Nach Unternehmen mit geringer Konjunkturabhängigkeit (das ist in Rezessionen wichtig).
- Nach Unternehmen, die nur wenig Schulden haben (das ist bei Zinsanstiegen wichtig).
- Nach Unternehmen mit Preismacht aufgrund ihrer Marktstellung (das ist bei Inflationsdruck wichtig, wenn sie ihre gestiegenen Kosten auf die Konsumentenpreise leicht überwälzen können).
- Nach Unternehmen mit einer internationalen Marktbearbeitung (das ist bei lokalen Unruhen wichtig).

- Nach Unternehmen, für die Systemerhaltung da ist, z.B Versorger wie Verbund oder EVN (sie gelten als krisenfest).
- Aber auch Aktien von Telekom-Unternehmen sind attraktive Papiere – nicht zuletzt aufgrund der hohen Dividendenrenditen, die oft höher als die Anleiherenditen liegen.

Dividenden steigen in der Regel mit der Inflation. Allerdings nur, wenn die Unternehmen die Preismacht haben, die Kostensteigerungen an den Kunden weiterzugeben.

Welche Branchen gelten als krisensicher und wie kann man davon profitieren?

1. Energie- und Wasser-Investments.
Investment in Energie ist krisensicher. Bei erneuerbarer Energie bzw. alternativen Energieformen muss man darauf achten, dass diese sich derzeit nur rechnen, wenn es dafür Förderungen gibt. Diese unterliegen dem politischen Risiko. Wenn der Staat sparen muss, könnten diese Förderungen wegfallen und ein derartiges Unternehmen geht vielleicht pleite. Beim direkten Investment in Öl oder Gas an den Terminbörsen muss beachtet werden, dass es hier sehr häufig einen sogenannten »Contango-Effekt« gibt. Dieser bedeutet, dass der Terminpreis meist über dem Spotpreis liegt, dass also der Preis für spätere Lieferung deutlich über dem aktuellen Preis liegt und man daher nur bei steigenden Kursen gewinnen kann. Das Gegenteil dieser Entwicklung nennt man »Backwardization«. Leider lässt sich Öl nicht so einfach lagern wie Edelmetalle. Daher sind Investitionen in Ölförderrechte die bessere Wahl. Man verdient hier auch bei gleichbleibenden Preisen. Ölaktien unterliegen den Schwankungen der Aktienmärkte, sind dennoch eine gute Alternative.

2. Infrastrukur.
Unternehmungen, die Infrastrukturleistungen bereitstellen, werden wohl immer gebraucht. Und je notwendiger sie für die öffentliche Versorgung sind, umso eher werden sie imstande sein, ihre Preisvorstellungen am Markt durchzusetzen. Das sind dann die besten Voraussetzungen für attraktive Dividendenrenditen.

3. Agrarinvestments – aber mit Essen spielt man nicht.
Agrarinvestments machen Sinn, da Essen immer gebraucht wird. Je schlimmer eine Krise wird, desto mehr Profit kann erwartet werden. Allerdings sind Spekulationen mit Nahrungsmitteln an den Terminmärkten als unethisch abzulehnen. Denn mit Essen spielt man nicht, wie wir schon seit unserer Kindheit wissen. Wer nachhaltig in den Nahrungsmittelsektor investieren will, könnte beispielsweise Titel wie Agrana oder KTG Agrar AG kaufen. Wer ganz auf Nummer sicher gehen will, kann sich natürlich einen Bauernhof am Land kaufen. Die Nahrungsmittelpreise werden in den nächsten 15 Jahren sicher noch um durchschnittlich 30 % bis 50 % anziehen, vermutlich sogar mehr. Da könnte sich ein Betrieb mit eigenem Getreide, Gemüse und Obst vielleicht lohnen. Allerdings braucht der Normalbürger dann einen agrarisch ausgebildeten Betriebsleiter und das entsprechende Personal. Öko-Aussteiger sind im Alleingang häufig nicht sehr erfolgreich.

4. Sicherung der Substanzwerte durch Ausweichen in Fremdwährungen.
Mit der Anschaffung von Wertpapieren in Nicht-Euro-Währungen kann ein allfälliges Euro-Währungsrisiko zumindest teilweise ausgeglichen werden. Die Gewinnchancen, die damit verbunden sind, müssen aber gleichzeitig den Verlustrisiken aus solchen Veranlagungen gegenübergestellt werden. Das gilt

einerseits für die »Blue-Chips«, also die besonders wertbeständigen Aktien aus dem Dollarraum, aber auch für die Ausnahmewerte, die in Schweizer Franken gekauft werden. In beiden Fällen ist eine Veränderung der Kurse sowohl nach oben als auch nach unten im Laufe der Zeit denkbar. Bei Dollar eher nach unten, beim Schweizer Franken weiter nach oben.

Ein Ausweichen in stabile und »harte« Währungen wie die Norwegenkrone oder den Australdollar ist ähnlich zu bewerten. Diese Währungen sind schon ziemlich teuer, könnten aber mit einer Verschärfung der Krise beim Dollar und beim Euro weiter im Kurs steigen. Schließlich sind beide Länder wegen ihrer Rohstoffvorkommen vor Wirtschaftskrisen besser geschützt als viele andere.

Schon seit Jahren sind auch Anleihen bzw. Anleihefonds mit Schwerpunkt in den »Emerging Markets« in den Blickpunkt der Anleger gerückt. Gigantische Kapitalmengen sind inzwischen in die Finanzen solcher Länder wie Brasilien eingeströmt und haben dort die Kapitalmärkte in manchen Fällen schon brutal gestört. Brasilien hat 2010 ein Wirtschaftswachstum von 7,5 % erreicht, allerdings ist auch die Inflation auf fast 7 % gestiegen. Das wiederum führt dazu, dass die Zinsen im Staat zur Eindämmung der Inflation stark angehoben werden. Das schädigt aber auch die Anleger – immer wenn die Zinsen am Markt steigen, fallen die Kurse für die Anleihen, die bereits vorher auf dem Markt waren, und schlagen sich in den Anleihefonds als Verluste nieder. Ein Ausgleich muss abgewartet werden: Wenn die Zinsen wieder fallen, steigen auch die Kurse.

Welche Wertpapiere sollen wir dringend meiden?

Meiden sollte man reine Finanztitel oder Unternehmen, die einen hohen Schuldenberg aufgebaut haben. Dort drohen die Gläubiger, das Ruder zu übernehmen, und die Aktionäre gehen leer aus.

Für Banken, Versicherungen etc. wird an neuen Insolvenzregelungen gearbeitet. Dabei werden die Gläubiger (zum Beispiel auch der Staat) zu Aktionären und die bisherigen Aktionäre verlieren alles. Diese Debt-Equity-Swaps werden zunehmen. Daher sollte man diese Aktien meiden.

4.2 Pensionskassen gehen auf Nummer sicher

Angesichts der Währungs- und Finanzkrisen befinden sich die österreichischen Pensionskassen in einer besonderen, weil auch sehr heikle Situation. Sie verwalten große Vermögensbestände, über die auch in Krisenzeiten die künftigen Zusatzpensionen Zigtausender Pensionsbezieher und Anwartschaftsberechtigter gesichert werden müssen – sowohl in der Substanz als auch im Ertrag.

Mag. Andreas Zakostelsky, der Vorstandsvorsitzende der Valida Holding AG, rechnet zwar nicht mit einem Auseinanderbrechen des Euro, hat aber mit seinen Anlagespezialisten selbstverständlich auch eine Reihe von Umschichtungen in den Portfolios der vielen einzelnen Pensionskapitalbestände vorgenommen.

Mehr Inflation und höhere Zinsen wären von Vorteil für die Pensionskassen.

Pensionskassenchef Zakostelsky hat im Unterschied zu den meisten Privatanlegern keine große Abneigung gegen höhere Inflationsraten. Er würde 3 bis 5 % als durchaus sinnvoll bezeichnen, weil er dann in der Folge auch mit einem Ansteigen des Zinsniveaus rechnen könnte. Das Problem der meisten Zusatzpensionsverträge, die von den Firmen mit ihrer Belegschaft um die Jahrtausendwende abgeschlossen wurden, ist, dass diese einen zu hohen Rechnungszins vorsehen. Dieser Rechnungszins ist der Maßstab dafür, ob die Pensionen in ihrer Höhe weiter aufrechterhalten werden können. Wird der Rechnungszins nicht erreicht, müssen die Pensionen gekürzt werden.

Damals, kurz vor dem Jahr 2000, sind viele neue Pensionskassenverträge abgeschlossen worden, weil die Unternehmen die über Jahre angesparten Pensionsrücklagen extrem steuerschonend an die Pensionskassen übertragen und sich von den früher vertraglich zugesagten Firmenpensionen befreien konnten.

Vor 2001, vor dem großen Börsencrash, konnten noch sehr hohe Durchschnittsrenditen an den Börsen erzielt werden, und daher waren Rechnungszinse von mehr als 5 % keine Seltenheit. Diese tollen Bedingungen sind nicht mehr gegeben, 5 % Rechnungszins können mit einem vertretbaren Risiko längst nicht mehr erwirtschaftet werden. Steigen die Zinsen nominell, dann ist die Chance größer, dass die Rechnungszinsen erreicht werden.

Pensionskassen müssen konservativ veranlagen und trotzdem hohe Erträge erwirtschaften – eine Herausforderung.

Grundsätzlich, so heißt es bei den Pensionskassen, müssen ausgewogene Veranlagungs- und Risikogemeinschaften auf das Verhältnis von 70 : 30 ausgerichtet sein, also 70 % Anleihen und sichere Wertpapiere und 30 % in Aktien und Risiko-, aber auch in ertragreicheren Wertpapieren. Innerhalb der Kategorien müssen detaillierte Streukonzepte nach Branchen,

Regionen und Ländern entwickelt werden, so wie das auch anderswo üblich ist.

Grundsätzlich müssen die Pensionskassen in Österreich aber 70 % in Euro-Währung halten. Das schränkt die Möglichkeiten für die Absicherung gegen Währungsprobleme beim Euro drastisch ein.

Angesichts der bedrohlicher werdenden Finanzkrisen sind massive Absicherungsmaßnahmen geplant. Beispielsweise kann das Geld vorläufig in Cash auf dem Geldmarkt oder in Immobilien zwischengeparkt werden. Ein hoher Cash-Anteil war auch schon im Jahre 2008, nach der Lehman-Pleite und der nachfolgenden Krisen angelegt worden. Immobilien werden aber nur im Ausmaß von 5 bis 10 % dem Portfolio beigemengt. Veranlagungen in Gold und Rohstoffen gelten noch immer als sehr risikoreich und werden von den Pensionskassen nur in sehr geringem Umfang eingesetzt. Insbesondere Gold würde nach dem geltenden Pensionskassengesetz als »Sonstiges Investment« gelten und damit der höchsten Risikokategorie zugeordnet werden.

Von Gesetzes wegen müssen in den Beständen sehr viele Staatsanleihen gehalten werden. Die Pensionskassen haben nach Aussage von Mag. Zakostelsky ihre Investitionen in Anleihen aus den PIIGS-Staaten seit Anfang 2010 stark reduziert. Sie lagen aber 2001 immer noch zwischen 5 % bis 8 % des Bestandes, wobei relativ hohe Anteile von italienischen Staatsanleihen gehalten wurden.

Insgesamt, so sagte der Pensionskassen-Chef, müssten die Pensionsanwärter in Österreich keine Angst haben. Man sei erfahren genug, um die Gefahren rechtzeitig zu erkennen. »Daher wird es auch keine Überraschungen geben. Wir sind auf der Hut«.

4.3 Investitionen in Unternehmen haben langfristig alle Krisen überdauert – es ist bisher immer aufwärts gegangen!

Die internationalen Finanzmärkte haben in den letzten 20 Jahren große Veränderungen erfahren. Seit die Kapitalströme völlig liberalisiert, unkontrolliert und zeitlich unbeschränkt rund um den Globus unterwegs sind und nach Gewinnchancen suchen, folgen sie ganz neuen und bisher unbekannten und unberechenbaren Regeln. Aber eine Tendenz ist bisher ungebrochen: die Tendenz nach oben. Eine Darstellung des Index-Verlaufs beim »Dow Jones Industrial Average« an der New Yorker Börse seit 1896 zeigt das sehr deutlich.

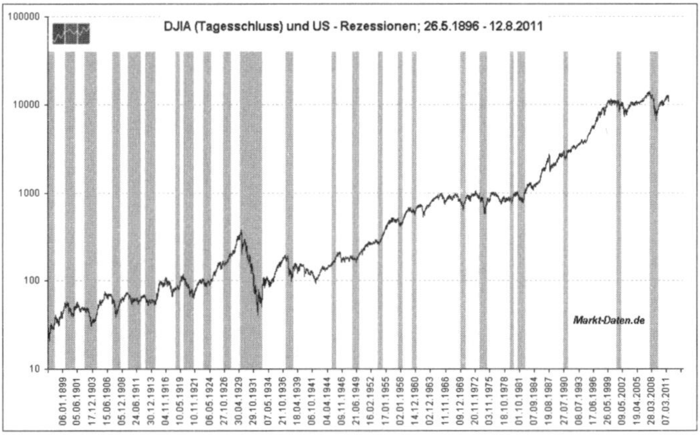

Quelle: Markt-Daten.de

Als wirklich dramatisch erscheint eigentlich nur die Krise der Jahre 1929 bis 1931, mit dem enormen Kurseinbruch an der US-Aktienbörse in New York. Doch der Eindruck des Chart-Verlaufs kann auch täuschen: Die Index-Bewegungen erfolgten jeweils von völlig unterschiedlichen Niveaus. Eine logarithmische Darstellung würde die Niveauunterschiede stärker berücksichtigen. Auch eine kurzfristigere Betrachtung zeigt die Gefahren im Einzelnen schon deutlicher.

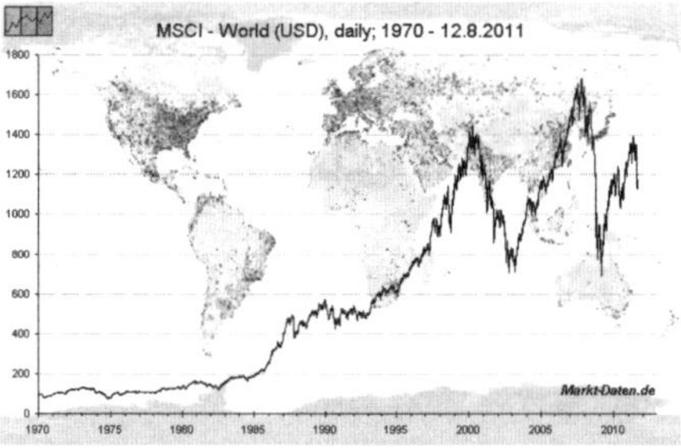

Quelle: Markt-Daten.de

Der Verlauf des »Morgan Stanley – Capital International World-Index« seit 1970 mahnt zur Einsicht, dass es nicht nur ein regionales Marktrisiko zu berücksichtigen gilt, sondern dass letztlich die globalen Entwicklungen auf den Weltfinanzmärkten für die Zusammenstellung der Depots maßgeblich sind. Wenn die Kurse im Fernen Osten fallen, dann fallen sie ebenso in Europa und später am Tag auch in den USA. Sonderentwicklungen gibt es nur selten – und dann auch nur sehr regional auf kleinen Märkten. Hier in dieser weltweiten MSCI-Kurstafel kommen auch die beiden wichtigen »Blasen« und die darauf folgenden dramatischen Abstürze an den internationalen Börsen deutlicher zum Ausdruck.

An der Wiener Börse ist alles ein wenig anders.

Der österreichische Aktienmarkt ist, schon aufgrund der wenigen börsennotierten Unternehmen und mit einer beschränkten Diversifizierung bei den Branchen und einer niedrigen Börsenkapitalisierung, wesentlich enger angelegt. Er machte in seiner Entwicklung seit den 80er-Jahren nicht alle Bewegungen der großen internationalen Börsen im vollen Umfang mit. Das zeigt sich daran, dass es beispielsweise den Kurshöhenflug bis 2001 – die Internetblase – in Österreich mangels großer IT-Unternehmen nicht gab. Mitgemacht hat der ATX dann nur den rapiden Kursanstieg von 2003 bis 2008 – und den darauf folgenden Absturz. Um es bildlich zu sagen: Der ATX hat nur einen Höcker, statt zwei, wie die meisten internationalen Börsen. Wien ist eine »Dromedar«-Börse und nicht wie die anderen eine »Kamelbuckel«-Börse«.

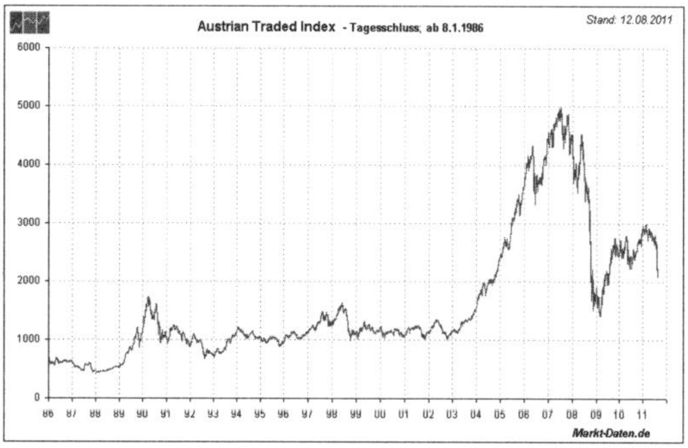

Quelle: Markt-Daten.de

Bloß wie es weitergeht, kann daraus leider nicht abgelesen werden. Ob die Prognose stimmt, weiß man leider immer erst im Nachhinein.

Das ist auch das Grundproblem im Verhältnis zwischen Berater und Kunden im Wertpapier-Anlagegeschäft.

- Der Anleger sieht meist nur das Kursrisiko.
- Der Anleger reagiert bei Kauf und Verkauf auf Kurse.
- Die Angst vor Verlusten überwiegt vor der Hoffnung auf Gewinn.
- Viele Anleger können sich ein Abwarten und Durchtauchen in der Krise nicht leisten.
- Der Vorteil des Inflationsschutzes bei Sachwerten wie Aktien wird übersehen.

Was bleibt, ist die Tatsache, dass die Berater nur beraten können, entscheiden muss immer der Anleger-Kunde. Es ist sein Geld: Wenn er Gewinne erzielt oder wenigstens sein Geld vor Verlust und Verfall retten kann, dann profitieren er. Wenn etwas schiefgeht, muss er letztlich auch die Verluste verschmerzen. Auch diese gehören ihm.

5. Das Null-Wachstums- und Krisenportfolio

Wie man als einzelner Anleger sein Geld so aufteilt, dass es auf möglichst vielen Seiten abgesichert ist, hängt leider immer in erster Linie vom Gesamtvermögen ab, das zur Verfügung steht.

5.1 Die Wahl der Anlageklassen

Zuerst muss auf die großen Anlageklassen verteilt werden, also Immobilien, Edelmetalle und Rohstoffe, Aktien, Anleihen und Bargeld. Manche Anlageklassen werden möglicherweise schon aufgrund der Beträge ausscheiden, die dort als Einstiegshürde feststehen. Und es sollte immer nur so viel fest angelegt sein, dass der Anleger in Notzeiten nicht auf eine Geldanlage zurückgreifen und beim Notverkauf Verluste erleiden muss. Was dann übrig bleibt, kann zur Veranlagung freigegeben werden. Vorerst sollte jedenfalls die anteilsmäßige Aufteilung auf die wichtigsten Anlageklassen erfolgen, dann folgt die Diversifizierung im Detail.

5.2 Das Krisenportfolio

Für Krisenzeiten gibt es schon vor der Einteilung in Anlageklassen eigene Sonderstrategien. Es müssen taktische Reserven angelegt werden, damit während der Krise auf günstige Kaufgelegenheiten flexibel reagiert werden kann. Im nachstehenden Krisenportfolio der Capital Bank sind die 13 % Cash und die 7 % Gold-Anlage als strategische Reserven zu betrachten. Vorerst waren nur Immobilien für Eigennutzung angeschafft worden. Erst in einem zweiten Schritt sollen dann Immobilien zu einem größeren Anteil beigemischt werden.

Das Krisen-Ideal-Portfolio

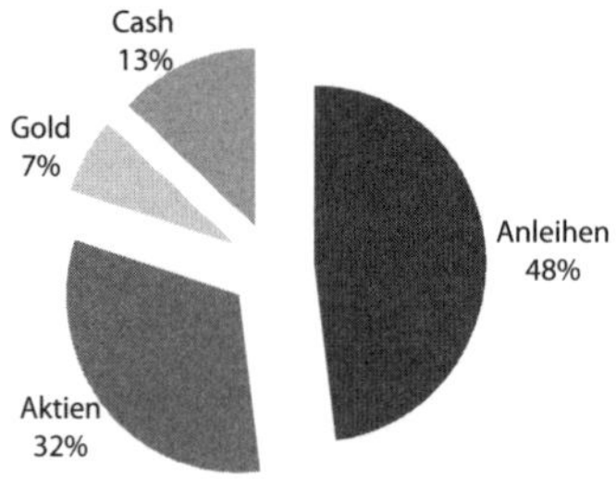

Quelle: Capital Bank.

Meist empfiehlt sich auch nicht eine Anlage in Einzeltiteln – seien es Anleihen oder Aktien. Die notwendige Streuung zur Sicherung der Erträge und der Substanzwerte ist in der Regel nur über einen Fonds zu erreichen. Die Auswahl der richtigen Aktien und Anleihen ist eine hohe Kunst, die man besser den Finanzmarktexperten überlassen sollte. Und weil auch die nicht immer Super-Resultate erzielen, zumindest nicht auf Dauer, ist es schon schwierig genug, aus der Fülle der angebotenen Fonds den richtigen herauszufinden.

5.3 Das Null-Wachstumsportfolio

Mag. Constantin Veyder-Malberg von der Capital Bank hat für dieses Buch eine Auswahl von Aktien, Anleihen und Fonds ausgesucht, die auch in Krisenzeiten Sicherheit und Wachstum in sich vereinigen können. Das sind Wertpapiere, die er auch in seiner Bank den Kunden empfehlen lässt. Selbstverständlich findet diese Aufstellung auch in den Fonds der Bank Anwendung.

Währung / Aktie	Thema	Wachst. angfr.	Divid./ Rendite
USD Microsoft	stabiles Wachstum	11,42	2,17
USD Apple	innovativ, trendsicher	21,11	–
USD McDonalds	konsumnah	9,90	2,70
USD Coca Cola	konsumnah	8,30	2,60
USD Procter and Gamble	Kerngeschäft defensiv	9,20	3,20
CHF Nestlé	Marktmacht	7,30	3,60
CHF Novartis	defensiv	5,90	4,40
GBP Imperial Tobacco	Kerngeschäft	8,30	4,10
GBP Vodafone	Dividenden-Rendite	7,26	5,50
EUR SAP	Marktmacht, Wachstum	16,80	1,40
EUR L'Oreal	Marktmacht, Wachstum	10,20	2,10
EUR BASF	Marktmacht, Wachstum	12,90	3,30
EUR LVMH	Marktmacht	12,00	1,60
EUR Volkswagen	Wachstum	39,50	1,60
EUR Royal Dutch Shell	Rohstoffe, Dividendenrendite	3,70	4,80
EUR Anheuser Bush INBEV	konsumnah, Marktmacht	16,10	2,00
Durchschnitt		**12,49**	**3,00**

Währung	Anleihe	Thema	Fonds-Alternativen
EUR	1 % Frankreich 07/2017	Staatsanleihe inflationsgesichert	db x-tracker EUR infl.-linked
EUR	2,25 % KA-Finanz 03/2014	mündelsicher	Apollo Mündel
EUR	3,625 % KIG 01/2017	mündelsicher	Apollo Mündel
NOK	3,25 % KFW 04/2014	mündelsicher	Apollo Mündel

Norwegenkrone = Alternative zu Euro

Währung	Fonds	Thema
EUR	Apollo Euro Corporate Bond Fund	Rentenertrag hoch
EUR	Schroders Global High Yield	mehr Rendite – mehr Risiko
EUR	Pictet Emerging Local Currency Debt	Papiere aus Emerging Markets in deren Landeswährung

Währung	Rohstoffe	Thema
EUR	DB Physical Gold ETC (hedged)	Sicherheitskomponente

Wer diese Wertpapiere in sein Portfolio aufnimmt, wird sicher nicht Gefahr laufen, dass seine Wertpapiere eines Tages plötzlich nur noch Papierwert haben.

6. Geld ist nicht alles

Nach so vielen Ausführungen über Geld und Vermögen und seine Absicherung vor Verlusten in der Krise, möchte ich doch noch einige Quergedanken zu diesem Themenkreis hier an den Schluss stellen. Sie stammen aus der internationalen Glücksforschung, an der mir persönlich sehr viel liegt.

Es klingt profan und sicher schon ein wenig abgedroschen, ist aber mittlerweile auch vielfach wissenschaftlich bestätigt: Geld allein macht nicht glücklich – zumindest nicht ausschließlich. Und das ist auch gut so: Sonst wären nämlich ⅘ der Menschheit vom Glück ausgeschlossen.

Dass Glücklichsein sicher nicht von Reichtum, Ruhm, Klugheit und Schönheit abhängt, beweisen die täglichen Meldungen über das unglückliche Leben der Menschen in Hollywood. Richard Gere, ein erfolgreicher und schöner Schauspieler, dazu im Zitat: »Nirgends auf der Welt gibt es so viel Schönheit, Glanz und Reichtum wie hier in und um Beverly Hills. Aber nirgends ist der Bedarf an Psychotherapeuten und Scheidungsanwälten größer als in Hollywood«.

Der deutsche Komiker und Kabarettist »Otto« meint zwar: »Schönheit, Reichtum und Ruhm sind bedeutungslos – es kommt einfach darauf an, dass wir gut aussehen, jede Menge Geld haben und dass uns alle kennen«, aber das ist sicher nur zynisch gemeint.

Wenn es um Geld und Reichtum als Glücksbringer geht, sind die Zyniker sicher auf der Gegenseite der Besitz-Fanatiker angesiedelt. Als Begründer dieser Geisteshaltung gilt Diogenes, der einst im alten Griechenland in einem Fass lebte und jeglichen Besitz als Gefährdung seiner persönlichen Freiheit ablehnte. Er war sozusagen der Trendsetter für die späteren Generationen von Aussteigern und Konsumverweigerern, von Blumenkindern und Hippies, Naturaposteln, Querdenkern und Anarchisten. Sein Spitzname »Kyon« (griech. Hund) brachte dieser Denkschule, die ihre eigene Bedürfnislosigkeit mit Bissigkeit und teilweiser Bösartigkeit verteidigte, die Bezeichnung Kyniker, also Zyniker, ein.

Ein weit gesünderes Verhältnis zu Geld und Reichtum hatte der römische Politiker und Philosoph Seneca. Er gilt als Begründer der Lehre der Stoiker. Die Stoiker verschmähen nicht Reichtum und Besitz, aber sie machen sich auch nicht abhängig davon. Sie bleiben nach Kräften unberührt von Gewinn und Verlust im Leben – und regen sich nicht auf, egal ob ihnen Glück widerfährt oder etwas schiefgeht. »Der Glückliche ist Herr seines Reichtums, aber nicht sein Sklave«. Mit dieser Einstellung lebt es sich bestimmt auch in heutigen Zeiten ganz zufrieden. Wie man aber an den Geldängsten vieler Menschen sieht, ist das auch nicht leicht.

Noch ein paar Zahlen zum Thema Glück und Geld gefällig?

Ich habe sie aus Professor Ernst Stürmers einschlägigem Fachbuch »Glücksgold« zitiert. Besonders arm dran sind, laut mehrfacher Untersuchungen, die Lottogewinner, wenn sie von ihrem Glück überrascht werden. Lottogewinner sind demnach nur drei Monate nach dem Jackpot wirklich glücklich. Danach haben sie sich an Glück und Geld gewöhnt. Es hat seinen Reiz verloren. 83 % der Lottogewinner sind außerdem im Durchschnitt schon nach drei Jahren so arm wie vorher – oder noch ärmer. Professor Argyle von der Universität in Oxford hat herausgefunden, dass von den Multimillionären mit mehr als 125 Millionen Dollar 37 % sich unglücklicher fühlen als der Durchschnitt. Wer weniger hat, ist etwas besser dran, meint der US-Glückspsychologe Ed Diener: »Bei Menschen mit (nur) 100 Millionen Dollar liegt die Lebenszufriedenheit immerhin noch knapp über dem Durchschnitt der Menschen«.

Und – jetzt wirklich abschließend – noch drei Heilslehrer:

Laotse
Genug zu haben, ist Glück. Mehr als genug zu haben, ist unheilvoll. Das gilt von allen Dingen, besonders vom Geld.

Konfuzius
Wer ständig glücklich sein möchte, muss sich oft verändern.

Buddha
Es gibt keinen Weg zum Glück. Glücklichsein ist der Weg.

Literaturhinweise

Akerlof, George A. und Shiller, Robert J.: »Animal Spirits – How human psychology drives the economy and why it matters for global capitalism«. Princeton University Press, Princeton New Jersey, 2009.

Capital Bank: »Global Brands«. Studie, Wien, 2010.

Capital Bank: »Das schwarze Gold oder Diversifikation gegen Ratlosigkeit«. Investorenletter, 2010.

Capital Bank: »Vom Streben nach Sicherheit oder Vorsicht vor renditelosen Risiken«. Investorenletter 2010.

Capital Bank: »Staatsverschuldung – Eisberg voraus!«. Investorenletter 2010.

Capital Bank: »Staatsverschuldung – Flucht nach vorne«. Investorenletter 2010.

Capital Bank: »Immobilien – Die gefährlichste Anlageklasse der Welt«. Investorenletter 2011.

Capital Bank: »Schwarzgelder legalisieren bevor es zu spät ist«. Investorenletter 2011.

Christl, Josef: »Österreich 2015 – Reicher oder ärmer«. Studie im Auftrag der Erste Group, Wien 2011.

McCandless Jr., George T. und Weber, Warren E.: »Some Monetary facts«. Federal Reserve Bank of Minneapolis, 1995.

Münz, Rainer: Studie »Erste Rising Markets«. Wien, 2011.

Reinhart, Carmen M. und Rogoff, Kenneth S.: »This time is different – Eight Centuries of financial Folly«. USA, 2010.

Schmölders, Günther: »Einführung in die Geld- und Finanzpsychologie«. Wissenschaftliche Buchgemeinschaft, Darmstadt, 1975.

Stöferle, Ronald-Peter, CMT: »Erste Special Report Gold«. Wien 2011

Stürmer, Ernst: »Glücksgold – Die Glücksrezepte der Völker, Kulturen und Religionen«. Verlag tredition.de, 2011.

Taleb, Nassim N. und Proß-Gill, Ingrid: »Der Schwarze Schwan – Die Macht höchst unwahrscheinlicher Ereignisse«. Random House, 2010.

Taleb, Nassim N.: »The Black-Swan-Theory on uncertainty«. Random House, New York, 2007.

Taleb, Nassim N.: »Errors, Robustness and the Fourth Quadrant«. New York, 2009.

Thurnhofer, Hubert: »Glaube – Hoffnung – Management – Entscheidungsfindung in Unternehmen«. Books on Demand, BoD.de, 2009.

Veyder-Malberg, Constantin: »Investmentidee – Emerging Markets Local Currency Debt« – »Schwellenland-Staatsanleihen in Lokalwährung«. Studie, 2010.

Veyder-Malberg, Constantin: »Geldanlage im geänderten Umfeld – Wie schütze ich mein Vermögen vor Inflation und Steuern?«. Studie, Wien 2011.

Wegelin & Co-Bank: »Vermeintliche und wirkliche Gefahren für den Euro«. Investorenletter, St. Gallen, CH, 2011.

Sach- und Personenregister

240 Seiten in Hardcover
ISBN: 978 3 902533 33 3

Die Zeit der Banken und des Geldes ist vorbei

Banken erfinden Geld aus Luft, unser gegenwärtiges Finanzsystem ist ein reines Betrugsmodell und die freien Märkte – von den Finanzeliten als Allheilmittel gepriesen – machen Reiche noch reicher, während immer mehr Menschen immer weniger übrig bleibt. Zu diesen Erkenntnissen kommen die beiden Wirtschaftswissenschaftler Franz Hörmann und Otmar Pregetter in diesem streitbaren und fundierten Buch. Doch die beiden Autoren verbreiten keineswegs Hiobsbotschaften, wenn sie „grundlegende Veränderungen der Gesellschaft" fordern. Sie zeigen realistische Möglichkeiten auf, wie eine Gesellschaft ohne Geld funktionieren kann, und sie bieten einen Wegweiser in eine ökologisch und sozial orientierte Zukunft.

Franz Hörmann

ist Professor am Institut für Revisions-, Treuhand- und Rechnungswesen der Wirtschaftsuniversität Wien.

Otmar Pregetter

ist Ökonom, Unternehmensberater und Lehrbeauftragter an mehreren Universitäten und Fachhochschulen.

3 CDs mit Begleitheft
Jewelcase, ca. 220 Minuten
Autorengespräch
ISBN: 978 3 902533 28 9

In diesem Sach-Hörbuch kommen die drei Wissenschaftsstars des deutschsprachigen Raums erstmals in einem Werk vor: Der Hirnforscher Manfred Spitzer, der Astrophysiker Harald Lesch und der Paläontologe Friedemann Schrenk erzählen von Gott, dem Urknall, dem Anfang des Lebens und der Entstehung des menschlichen Geistes.

Manfred Spitzer
Direktor der Psychiatrischen Universitätsklinik in Ulm. Er studierte Medizin, Psychologie und Philosophie.

Harald Lesch
Professor für Theoretische Astrophysik an der Universität München und Professor für Naturphilosophie an der Hochschule für Philosophie der Jesuiten. Er moderiert die ZDF-Sendung „Abenteuer Forschung".

Friedemann Schrenk
Professor für Paläobiologie der Wirbeltiere der Universität Frankfurt. Führt anthropologische Grabungen im südlichen und östlichen Afrika durch.

240 Seiten in Hardcover
ISBN: 978 3 902533 31 9

Wie kam der Mensch zu seinem großen Gehirn? Wann entstanden Bewusstsein, Sprache und Moral? Fragen, denen der Wissenschaftsautor Peter F. Weber bei seinen jahrelangen Recherchen zur Evolution des menschlichen Geistes, auf abenteuerlichen Reisen durch Afrika und bei Besuchen in den Labors europäischer Hirnforscher nachgegangen ist. Ein brillant verfasstes, großartig recherchiertes erzählendes Sachbuch, das uns vor allem eines vor Augen hält: Der Mensch ist nichts anderes als ein domestizierter Affe.

Peter F. Weber
hat Humanbiologie, Kommunikationswissenschaften und Psychologie studiert. Er arbeitet als Wissenschaftsautor und Verleger, war Mitglied anthropologischer Expeditionen und beschäftigt sich seit vielen Jahren mit Hirnforschung.